SIX PRÉSIDENTS
À L'ÉPREUVE DES QUINZE ÉVÉNEMENTS QUI ONT CHANGÉ LA Vᵉ RÉPUBLIQUE

© L'Harmattan, 2011
5-7, rue de l'École-polytechnique ; 75005 Paris

http://www.librairieharmattan.com
diffusion.harmattan@wanadoo.fr
harmattan1@wanadoo.fr

ISBN : 978-2-296-55080-3
EAN : 9782296550803

Jacques Raynaud

SIX PRÉSIDENTS
À L'ÉPREUVE DES QUINZE ÉVÉNEMENTS QUI ONT CHANGÉ LA Ve RÉPUBLIQUE

Du même auteur

Parfums de jeunesse, Paris, L'Harmattan, 2007, 202 p.

Le Simplet, Paris, L'Harmattan, 2009, 194 p.

Du bonheur plein les yeux, Paris, L'Harmattan, 2010, 164 p.

PRÉFACE

La France bouge, la France change. Vite et beaucoup depuis que la Ve République a pris le relais de la République précédente, à peine adolescente. Depuis qu'elle a tourné dans la douleur le chapitre algérien de son histoire coloniale, la France vit en paix. Et si, pendant un siècle, la France a désigné l'Allemagne comme l'ennemi héréditaire (et réciproquement), le Président et le Chancelier se tiennent par la main et leurs enfants vivent bras dessus bras dessous.

Au lendemain de la guerre, les enfants sans père déclaré étaient considérés comme des bâtards et les mères célibataires accouchaient de préférence dans la clandestinité. Aujourd'hui, un enfant sur deux naît hors mariage et, hormis un quarteron de traditionalistes, nul ne s'en soucie. En 1958, la France conservait quelques-uns des atours qui en firent pendant plus d'un millénaire la « fille aînée de l'Église ». Du moins, ses cathédrales et ses interdits témoignaient, malgré la laïcité proclamée, de l'imprégnation qu'y conservait la religion romaine. Aujourd'hui, plus d'un enfant sur deux ne reçoit pas le baptême, davantage échappe au catéchisme, un mariage sur trois se conclut par un divorce. Constat significatif : la grande majorité des Français ne retrouve le chemin de l'église que *post mortem*.

Maintenant, les paysans ne peuplent plus que les cimetières. Seules les tombes orphelines et les monuments aux morts racontent que, jusque dans les années 30, la France recensait une majorité de ruraux. Leurs héritiers pointent à l'usine, quitte à cultiver dans leur HLM les champs, les vignes et les prairies de l'agriculture de grand-papa. Leurs descendants fréquentent le lycée et sont bacheliers. Les étudiants, dont le nombre dans les années 50 avoisinait les 150 000, dépassent actuellement les 2 millions.

Ce constat du changement, on peut le répéter partout, dans l'enseignement, dans les sciences, la médecine, l'économie. Comment la politique, ses règles, ses habitudes, ses contraintes auraient-elles pu demeurer immuables ? On convoque toujours Roland à Roncevaux, Henri IV assassiné par Ravaillac, François Ier à Marignan -1515, n'oubliez pas - le roi Soleil et Versailles, la Révolution de 89, Robespierre et la Terreur, Napoléon le grand et le petit. Et aussi la IIIe République qui donna Ferry et Gambetta, le p'tit père Combes, Verdun, avant d'agoniser en 1940 à Vichy.

De Gaulle, le dernier de nos personnages historiques, a légué à la République des institutions qui durent parce qu'elles changent en s'affranchissant au besoin des règles que lui-même avait édictées. Un exemple pour s'en convaincre : entre la République gaullienne et la République du moment, qu'y a-t-il de commun, sinon l'élection du Président au suffrage universel et les révérences périodiques qui, selon la couleur bleu horizon ou rose pâle de la casaque portée à l'Élysée, sont rendues aux grands ancêtres ou au solitaire de Colombey ?

Le génie de la Ve République, celui qui lui a permis de survivre à la perte de l'Algérie, d'assurer son avenir dans l'Europe, d'endosser la cohabitation entre des majorités contradictoires n'est pas uniquement d'avoir trouvé, au moment opportun, les hommes et les caractères qui garantissent la transition et l'avenir. Au delà, les institutions ont révélé une souplesse qui n'allait pas de soi lors de l'adoption de la Constitution en 1958 et quatre ans plus tard, avec l'élection du chef de l'État au suffrage universel qui a bouleversé la politique en France.

La Ve République le prouve : une Constitution n'est ni un roc ni un temple. Ni un roc dont l'escalade une fois pour toutes balisée conduirait au Nirvana politique de l'Élysée ni un temple où le peuple de gauche et le peuple de droite devraient communier dans un respect égal d'institutions *ne varietur*.

La Ve République continue, et elle continue parce qu'elle évolue. De Gaulle avait « une certaine idée de la France », une certaine idée aussi de la manière dont elle devait être gouvernée.

Dix ans durant, il avait installé une cohérence institutionnelle qui offrait à la République un équilibre mi-parlementaire, mi-plébiscitaire où le pouvoir présidentiel ressourçait régulièrement sa légitimité par le référendum[1]. La pratique du fondateur de la Ve République a trouvé ses limites avec ses successeurs. Le référendum a largement disparu après de Gaulle. Surtout, aucun des Présidents qui lui ont succédé n'a lié son sort au vote majoritaire. Ainsi, Jacques Chirac, désavoué par le suffrage populaire le 29 mai 2005 à propos de la Constitution européenne, est-il resté à l'Élysée, au contraire du général, à l'issue du référendum de 1969. Ainsi, Nicolas Sarkozy a-t-il fait adopter par le congrès du parlement le 8 février 2008 le traité de Lisbonne largement inspiré de la Constitution européenne rejetée par les Français trois ans plus tôt.

Parallèlement, le choix de la cohabitation opéré en 1986, répété en 1993, confirmé en 1997, encadre désormais les affrontements entre majorités différentes. À l'inverse de ce qu'eurent fait les présidents De Gaulle et Pompidou et de ce qu'a interdit pratiquement la révision constitutionnelle de l'an 2000 en substituant au septennat un quinquennat assorti d'élections législatives dans la foulée.

La Ve République, c'est un demi-siècle de changements. Brusques parfois, tels l'échec du référendum d'avril 1969 préparé par la fronde de mai 1968 qui provoquera le départ définitif du général De Gaulle ou la suppression de la peine de mort à l'automne 1981 à l'initiative de François Mitterrand.

---

[1] Vainqueur des quatre premiers référendums de la Ve République - sur l'adoption de la Constitution (septembre 1958), l'autodétermination de l'Algérie (janvier 1961), l'indépendance de l'Algérie (avril 1962) et l'élection du président de la République au suffrage universel (octobre 1962), de Gaulle battu au référendum du 27 avril 1969 sur la régionalisation et la réforme du Sénat cessa aussitôt ses fonctions. (Voir « 27 avril 1969. Les Français prennent congé du Général de Gaulle » p.45).

Au jour le jour également comme l'auteur, chroniqueur politique et parlementaire, a pu le constater pendant trois décennies aux avant-postes de la République, l'Élysée, Matignon, le Parlement et les assises des formations politiques. Quitte à constater que certaines dates officialisent une mutation qui se dessinait depuis des lustres : par exemple, la légalisation de l'avortement voulue par Valéry Giscard d'Estaing et acquise en janvier 1975 à l'issue d'un débat parmi les plus passionnés de l'histoire parlementaire, mais au terme de controverses qui s'étalèrent sur plusieurs décennies[2].

Bien sûr, les métamorphoses de la Ve République ne se résument pas aux « 15 journées » que nous avons retenues. Leur choix comporte une part d'arbitraire. D'autres événements auraient pu trouver leur place dans ce qui n'est, à l'évidence, que l'abrégé politique d'une période riche en épisodes. Par exemple, l'émergence depuis les élections européennes de 2009 d'un courant écologiste qui devient l'une des composantes majeures de la vie politique nationale, le poids toujours accru de l'Europe (spécialement depuis les traités de Maastricht et de Lisbonne) ou le passage du courant gaulliste d'un tempérament politique à un autre. La Ve République issue de la rencontre entre la guerre d'Algérie et le général de Gaulle avait retrouvé le tempérament bonapartiste qui sommeille en France depuis deux siècles dans toutes les périodes de crise. Domine maintenant un orléanisme ouvert aux grands intérêts économiques tempéré – ou aggravé, c'est affaire d'opinion – par une pratique présidentielle consulaire.

Restent les aléas d'un florilège qui mêle les décisions des gouvernants, les débats du Parlement, les orientations et les refus de la société civile. Mais aussi les mouvements de l'opinion qui, à un moment, s'affirment et s'imposent.

Ceux du peuple, en définitive souverain.

J. R.

---

[2] Voir « 17 janvier 1975. la loi Veil signe la maîtrise par les femmes de leur maternité » (p 93).

CHAPITRE 1

19 mars 1962
L'ALGÉRIE N'EST PLUS LA FRANCE

Le 19 mars 1962, l'Algérie cesse officiellement d'être la France. À Évian, la veille, les délégations française et algérienne, conduites respectivement par Louis Joxe et Krim Belkacem, avaient détaillé sur 93 pages les accords auxquels elles étaient parvenues, dont la reconnaissance par la France de l'indépendance de l'Algérie était, naturellement, la décision majeure[3].

Les négociations entre l'Élysée et le GPRA ont été longues à aboutir. Après une prise de contact sans lendemain à Melun dès juin 1960, elles ne s'engagent vraiment qu'en mai de l'année suivante, à Évian. Déjà interrompues un mois plus tard, elles reprennent en juillet au château de Lugrin, puis sont à nouveau suspendues à l'initiative du GPRA qui exige la reconnaissance préalable de la souveraineté algérienne sur le Sahara. De Gaulle accepte. Le round suivant se déroule dans un chalet des Rousses (Jura), avant l'accord final du 18 mars à Évian, annoncé à la télévision le soir même par de Gaulle, et qui entre en vigueur dès le lendemain.

L'Empire colonial français sur lequel, à l'instar de celui de la reine Victoria, le soleil ne se couchait pas, c'est fini ! Sept ans plus tôt, à Genève, l'Indochine devenue le Vietnam, avait de haute lutte imposé son émancipation. Les traités avec le Maroc et avec la Tunisie avaient poursuivi la décolonisation. Ne demeurait (ne demeure) qu'une poignée de « confettis » aux

---

[3] Louis Joxe, ministre d'État, chargé des affaires algériennes ; Krim Belkacem, vice-Président du GPRA, le gouvernement provisoire de la République algérienne d'abord dirigé par Ferhat Abbas, l'ancien dirigeant de l'Union Démocratique du Manifeste Algérien, un parti nationaliste modéré.

Caraïbes ; dans les Océans Indien et Pacifique, où continuait (où continue) à flotter le drapeau français. L'indépendance de l'Algérie, c'était autre chose, c'était davantage, la fin de 132 ans d'une présence française commencée en 1830 quand les parisiens faisaient la révolution à Charles X. La perte d'une colonie d'exploitation, mais aussi de peuplement. Une tache de rose qui, avec le Sahara, le Sénégal, la Côte d'Ivoire et quelques autres pays africains, peuplait la géographie coloniale des « hussards noirs » et de leurs successeurs.

Pour en arriver à ce dénouement, il avait fallu plus de sept ans d'une guerre sans nom avant que, 40 ans après, le gouvernement Jospin la reconnaisse pour ce qu'elle était. Sept ans d'une guerre qui avait coûté la vie à la IVe République et qui, sans de Gaulle, aurait sans doute, provoqué la chute de la Ve. Une guerre dont les historiens n'ont pas fini de recenser les victimes : 30 000 morts français, 200 000 au moins du côté algérien et, avec les dommages matériels, les dégâts collatéraux que partagent les uns et les autres, les exécutions sommaires, les corvées de bois homicides, la torture tolérée, les violences à répétition qui continueraient à hanter la mémoire de ceux qui les avaient subies comme de ceux qui les avaient initiées.

Au terme des affrontements, les 93 pages d'Évian s'emploient à éviter ou régler les contentieux possibles entre la France et l'Algérie promise à l'indépendance. Les chapitres ne manquent pas, le cessez le feu et l'évacuation par les troupes françaises, l'organisation du référendum d'auto-détermination, le régime du Sahara. D'abord, les garanties à reconnaître à la communauté européenne, mais qui n'entreront jamais en application, et pour cause : dans les semaines qui suivent les accords franco-algériens, la violence meurtrière de l'OAS et les représailles sanglantes du FLN ruinent le chef d'œuvre de diplomatie arrêté à Évian en provoquant chez les pieds-noirs un sauve qui peut général.

Au total, les européens se retrouveront près d'un million en France, exilés de leur pays de naissance où, seuls, quelques milliers d'entre eux maintiendront une communauté française. Cette fureur, les principales victimes en seront les harkis dont le sort n'inscrit pas dans l'histoire de la France gaulliste une page glorieuse. Sur les 210 000 à s'être engagés aux côtés des troupes françaises dans des milices villageoises, 150 000 resteront en Algérie dont beaucoup expièrent sévèrement leur choix, et 30 000 -pense-t-on le plus souvent- le payèrent de leur vie. Les 60 000 autres réussiront (malgré les consignes expresses données à l'armée) à s'embarquer aux côtés de leurs camarades de combat, avant de recevoir en France un accueil sans mesure avec les sacrifices qui leur avaient été demandés. Il faudra plusieurs décennies pour qu'une place leur soit accordée dans la société française. « Une saloperie », dira le général Massu[4]

Cette guerre de sept ans avait commencé le 1er novembre 1954 par une série d'attentats à travers l'Algérie signés d'un Front de Libération Nationale jusqu'ici inconnu, et qui font 3 morts et une vingtaine de blessés. « Plusieurs tués en Algérie au cours d'attaques simultanées de postes de police », titre sobrement le *Monde* du 2 novembre en recensant les attentats commis, le plus souvent, dans les départements d'Alger et de Constantine.

Classiquement, le gouvernement Mendès-France réplique en rappelant que « l'Algérie, c'est la France » et en dépêchant outre-Méditerranée des renforts de troupes et de CRS. L'attitude des pouvoirs publics est simple, et elle ne changera pas des années durant : l'Algérie, ce sont des départements français et cette réalité ne se discute pas. D'ailleurs, selon le ministre de l'Intérieur du 1er novembre, François Mitterrand, « le calme le plus complet règne dans l'ensemble des populations ».

À peine quelques-uns se souviennent-ils que l'histoire de la colonisation en Algérie a été heurtée, que des révoltes ont périodiquement éclaté dont la répression a été sévère. Dix ans avant, les événements de Sétif du 8 mai 1945 avaient alerté sur la poudrière que devenait l'Algérie[5]. Le statut de 1947 n'avait rien

---

[4] *Le Monde* 22 juillet 1991.
[5] Soixante ans plus tard, le nombre des victimes algériennes, à Sétif et dans les régions avoisinantes, fait toujours l'objet d'évaluations controversées :10 000, 15 000? Les nationalistes ont gonflé ces chiffres jusqu'à 80 000. Quant aux Européens, on parle de plusieurs centaines de morts et de blessés.

arrangé : il créait bien une assemblée algérienne, mais ses 120 membres se répartissaient à égalité entre les deux collèges, européen et algérien (alors que les algériens de souche nord-africaine étaient neuf fois plus nombreux que les pieds-noirs). Au surplus, les résultats des élections étaient souvent manipulés.

S'y ajoutaient les inégalités économiques qui étaient flagrantes, et la répression des activités nationalistes (à l'égard, plus particulièrement, du Parti du Peuple Algérien, puis du Mouvement pour le Triomphe des Libertés Démocratiques de Messali Hadj). Un climat explosif dont de jeunes dirigeants nationalistes -Ben Bella, Boudiaf et Aït Ahmed seront, par la suite, les plus connus- cherchèrent à sortir en appelant à la lutte armée. L'exemple de Ho Chi Minh au Vietnam n'était pas, évidemment, étranger à leur choix.

Même si d'autres foyers de rébellion sont rapidement inventoriés, (dans les Aurès, en particulier), le débat parlementaire qui suit la nuit de la Toussaint confirme le credo de l'Algérie française. « On ne transige pas quand il s'agit de défendre l'intégrité de la République », affirme Pierre Mendès-France à l'Assemblée Nationale. « Aucun compromis avec la sédition », promet le président du conseil en soulignant que « les mesures militaires (pour lutter contre elle) seront développées ». François Mitterrand abonde dans le même sens, quitte à ajouter que la répression ne suffira pas à rétablir durablement le calme. D'accord, répondent les intervenants, mais à condition, au préalable, que l'ordre soit rétabli.

La réforme impossible

Seule tonalité différente du débat, celle de la députée communiste pied-noir d'Oran, Alice Sportisse, qui souhaite une République algérienne, une Constitution, un gouvernement, un parlement algériens, sans être approuvée par le parti de Maurice Thorez qui, sans le dire vraiment, s'inquiète surtout de voir les États-Unis prendre le relais de la présence française en Algérie. La guerre froide se mène aussi entre les deux rives de la

Méditerranée. Au surplus, si les communistes condamnent le colonialisme, ils sont en délicatesse avec les nationalistes algériens, avec Messali Hadj d'abord, un ancien communiste qui a rompu avec Moscou pour ne pas subordonner le sort de l'Algérie à la politique soviétique.

La réforme impossible, PMF en fait l'expérience quand, le 6 février 1955, il veut reprendre en mains l'administration en Algérie, dans la police en particulier. Aussitôt, son collègue de parti et ancien président du conseil, le député radical de Constantine, René Mayer, monte en ligne et enlève assez de voix à Mendès pour le mettre en minorité au Palais-Bourbon. Ses successeurs (dont Edgar Faure) cultivent avec plus ou moins de talent l'immobilisme en saupoudrant leurs velléités de changement d'envois de renforts et de déclarations apaisantes. Bref, selon l'expression du général de Gaulle, ils gèrent «l'Algérie de Papa».

Les « trente glorieuses » aidant, les Français de métropole s'accommodent d'une politique qui rassure les Français d'Algérie. Comme le dit un député musulman, « une opération de police n'est pas une guerre...»

L'arrivée au pouvoir du Front Républicain début 1956 ne modifie pas la donne. L'opinion attendait Mendès-France, le président Coty préfère le socialiste Guy Mollet qui, quelques semaines avant les législatives, dénonçait « la guerre imbécile et sans issue ». Quelques cageots de tomates à Alger convainquent le nouveau président du conseil de nommer ministre résident un socialiste à poigne, Robert Lacoste, aux lieu et place du général Catroux, un ancien de « la France libre » jugé trop libéral.

Le piège s'installe : aux réformes, les activistes soutenus par une population européenne qui redoute la faiblesse des politiques métropolitains opposent le préalable du retour au calme. La droite et la gauche, où les voix discordantes sont rares en dehors d'une poignée d'universitaires et d'intellectuels, continuent à communier dans la défense de l'Algérie française. À François Mitterrand, on prête même ce propos péremptoire,

« la seule négociation, c'est la guerre », mais l'intéressé le démentira.

Au Parlement, tous les élus -communistes compris- votent à Guy Mollet les pouvoirs spéciaux qui lui permettent d'envoyer en Algérie les « rappelés » du contingent. Deux millions de jeunes iront ainsi « crapahuter » dans les djébels, certains passeront jusqu'à trente mois sous les drapeaux. Au plus fort du conflit, l'armée comptera en Algérie jusqu'à un demi-million d'hommes.

Tenir, tenir jusqu'au « dernier quart d'heure », comme le dit Robert Lacoste, répète la classe politique tandis que, pour mieux combattre le FLN, les parachutistes du général Massu quadrillent Alger et se substituent aux autorités civiles.

Jusqu'au moment où les ultras qui ont pris l'habitude de faire la politique, à Paris comme à Alger, refusent l'arrivée à Matignon du député MRP alsacien, Pierre Pflimlin. Contre le « bradeur », une manifestation imposante, pilotée par les anciens combattants, noyautée par les activistes et discrètement encouragée par l'armée, prend d'assaut le 13 mai 1958 le GG, le gouvernement général, le cœur du pouvoir en Algérie. Et installe, sous la présidence de Massu, un comité de Salut public dont l'exemple essaime un peu partout en Algérie. Miracle sans lendemain, la foule indigène accompagne la population européenne sur le forum et dans les rues. La grande réconciliation des fils d'Algérie paraît à portée de la main.

La suite, on la connaît. Grâce à l'antenne gaulliste, installée par le ministre de la Défense, Jacques Chaban-Delmas, le général en chef Raoul Salan en appelle au retraité de Colombey. Les autres complots du 13 mai sont pris de vitesse. Menace d'intervention militaire à l'appui, les gaullistes imposent, dans le respect formel de la légalité, le retour du général qui révèle en cette occasion une maestria politique sans égal.

Une opération de dupes pour les pieds-noirs et l'armée acquise à l'Algérie française au bénéfice d'un homme déjà convaincu que l'indépendance sera inéluctable ? Les historiens n'ont pas fini d'en débattre. De Gaulle se garde dans le concours de liesse populaire qui accompagne ses déplacements en Algérie les semaines suivantes d'envelopper le fameux « Je vous ai compris » de références à « l'Algérie française ». Sauf une fois, dans son discours de Mostaganem.

Au contraire, par touches successives, appel à « la paix des braves » lancé aux insurgés, projet d'autodétermination, limogeage de Massu en désaccord avec la politique de l'Élysée, exclusion du gouvernement de Jacques Soustelle (le plus « Algérie française » des gaullistes), de Gaulle, désormais convaincu de l'audience du FLN, prépare le terrain de la négociation.

Sur le plan militaire cependant, l'aviateur Maurice Challe qui a remplacé le général Salan à la tête de l'armée d'Algérie remporte d'évidents succès. Les opérations « Jumelles », «Emeraude », « Couronne», « Turquoise » (à chaque région d'Algérie, la sienne), bousculent les katibas dont les survivants fuient et se terrent[6]. Certes, le FLN conserve une armée forte de plusieurs dizaines de milliers d'hommes, mais en Tunisie où la retient le barrage électrifié installé sous la IVe République[7]. Son chef, le colonel Boumediene, la conserve intacte pour d'autres affrontements, son coup d'État contre Ben Bella, le premier président de la République algérienne, le prouvera.

Apparemment, Challe triomphe. À ceci près que, bon général mais piètre stratège politique, il veut ignorer qu'une guerre révolutionnaire ne se gagne pas dans les Aurès ou en Kabylie, et pas davantage dans la casbah d'Alger comme le pensent les colonels férus d'action psychologique, mais dans les enceintes internationales, et d'abord aux Nations Unies. Et là, la cote de la France se dégrade dangereusement. Les pays arabes sont hostiles, l'Union soviétique et les démocraties populaires aussi, les Britanniques impuissants, les Américains réservés.

---

[6] *Katiba*, unité d'intervention du FLN, comparable à la compagnie de l'armée française.
[7] La ligne Morice, du nom d'un ancien ministre de la Défense, cacique radical hostile à Mendès-France.

À la longue, la situation devient intenable, de Gaulle le sait. À défaut de faire prévaloir « la solution la plus française », il s'assure l'appui du suffrage universel : le 8 janvier 1961, 76,48 % des électeurs se prononcent par référendum en faveur de l'autodétermination ; 15 200 073 votent « oui », 4 996 474 choisissent le « non » (mais une très forte majorité des pieds-noirs) et 23,51 % s'abstiennent.

Derniers feux

Trop tard ! L'hypothèse de « l'Algérie algérienne » liée à la France qui aurait la préférence gaulliste apparaît obsolète. Le FLN veut l'indépendance et il s'impose comme interlocuteur en Algérie où les communistes ont dû se rallier individuellement et renoncer à former leurs propres maquis et où ses adversaires du MNA, le Mouvement National Algérien de Messali Hadj, ont été impitoyablement pourchassés et, le cas échéant, éliminés physiquement.

Sur le territoire français également où, parallèlement à la traque des militants messalistes, le FLN fait la démonstration de son contrôle sur l'immigration. Le 17 octobre 1961, 30 000 Algériens, venus pour beaucoup du bidonville de Nanterre, occupent le pavé parisien. Une manifestation brutalement réprimée[8].

Contre de Gaulle, contre sa politique d'abandon, se retrouvent les deux anciens « patrons » de l'armée en Algérie, Challe et Salan qui, avec les généraux Jouhaud et Zeller, formeront le « quarteron » du putsch d'avril 1961. En dehors de la *squadra* des colonels -Argoud, Gardes, Gozard et quelques autres - des parachutistes et des légionnaires qui suivent leurs officiers ralliés au *pronunciamento* dénoncé solennellement à la télévision par de Gaulle (qui s'octroie les pleins pouvoirs prévus

---

[8] Le chiffre de 9 victimes officiellement reconnu par la préfecture de police s'élève plus probablement à plusieurs dizaines. Selon certaines estimations, il avoisinerait même les 200.

par l'article 16 de la Constitution), l'armée non sans hésitation se résout à la légalité dont les appelés lui montrent la voie. Trois jours après, le « quarteron » s'effondre et, d'ailleurs, éclate. Challe n'est pas un officier de coup d'État ; il ne s'est pas associé à Salan et à son entourage d'extrême-droite pour renverser de Gaulle, mais pour offrir à la France la victoire militaire qui gardera l'Algérie dans la République. Dès que l'entreprise échoue, Challe se rend aux gendarmes, le général Zeller également. De même, les paras du commandant de Saint-Marc, fer de lance de la rébellion, regagnent leurs cantonnement en chantant un refrain d'Édith Piaf, « non, rien de rien, je ne regrette rien », pour bien marquer quel est et demeure leur état d'esprit. Plusieurs régiments sont dissous, leurs officiers traduits devant la justice militaire, des soldats mutés ou retraités d'office.

D'autres, avec le lieutenant Degueldre à leur tête, formeront les redoutables commandos « delta » au service de l'OAS, l'Organisation Armée Secrète, proclamée par le tandem Salan-Jouhaud qui continue le combat avec le concours des pieds-noirs. Un combat désespéré, répètent massivement les Français le 28 avril 1962 en ratifiant par référendum les accords d'Évian[9]. À moins qu'un attentat réussi contre « la grande Zohra », comme les pieds-noirs appellent de Gaulle, ne redistribue les cartes. Les tentatives ne manqueront pas, de Ponts-sur Seine au Petit-Clamart, en attendant le Mont Faron.

Pendant un an, les desperados de l'OAS mènent les ultimes assauts de l'Algérie française en France comme en Algérie, multiplient attentats, exécutions et ratonnades. Au lendemain d'Évian, l'OAS fait le coup de feu contre les gendarmes, abat plusieurs soldats, met en état de siège son fief algérien de Bab-el-Oued, conduit rue d'Isly une manifestation où 47 personnes trouvent la mort. Jour après jour, la liste des victimes s'allonge.

En métropole, les crimes de l'Armée secrète (ou plutôt des armées secrètes, car plusieurs groupes rivaux se disputent le

---

[9] Le 28 avril 1962, moins de 10 % des électeurs refusent l'indépendance de l'Algérie (9,29 %) qui est approuvée à 90,7 % des suffrages : 17 508 607 «oui», 1 795 601 «non» et 24,41 % d'abstentions.

label OAS) alertent l'opinion, longtemps amorphe. Les communistes dénoncent le colonialisme et la torture, sur laquelle l'un de leurs militants, Henri Alleg, laissera un témoignage émouvant[10], mais mobilisent peu. En dehors de certains étudiants, des trotskystes et des libertaires, des réseaux de soutien au FLN aussi (avec Henri Jeanson, notamment), il faudra attendre la naissance du PSU en avril 1960 et le «manifeste des 121» du mois de septembre qui revendiquent le droit à l'insoumission (Sartre, par exemple) pour que les manifestations en dehors du Quartier latin prennent de l'ampleur. Mais paient aussi un lourd tribut à la répression policière : au métro Charonne, le 8 février 1962, à la veille de la reprise des négociations France-GPRA, neuf militants trouvent la mort. La France se met en grève et un demi-million de parisiens et de banlieusards font aux victimes des obsèques grandioses.

Pour l'OAS, le temps de l'agonie approche. Salan et Jouhaud sont arrêtés, mais échappent à la peine capitale. L'avocat Jean-Louis Tixier-Vignancour sauve la tête du premier et le garde des Sceaux gaulliste, Jean Foyer, obtient la grâce du second avec l'aide du Premier ministre, Georges Pompidou.

Le colonel Bastien-Thiry aura moins de chance. Après l'attentat du Petit-Clamart (le 22 août) qui suit les accords d'Évian (le 19 mars), le référendum de ratification (le 8 avril) et la proclamation de l'indépendance de l'Algérie (le 3 juillet), l'organisateur de l'opération est condamné à mort et exécuté le 11 mars 1963 au fort d'Ivry, son chapelet à la main. De Gaulle a refusé d'exercer son droit de grâce en raison, semble-t-il, du danger mortel auquel a échappé son épouse au Petit-Clamart.

Quelques semaines auparavant, Salan et Jouhaud avaient appelé leurs derniers partisans à cesser le feu. Vivotera quelque temps encore dans les hôtels étrangers et financé par le « trésor de guerre » de l'OAS, un fantomatique Conseil National de la Résistance, présidé par Georges Bidault, l'ex-successeur de Jean

---

[10] Henri Alleg, *La question*, Éditions de Minuit.

Moulin à la tête du CNR de la guerre, et qui fut aussi l'un des principaux dirigeants du MRP sous la IVᵉ République. Député de la Loire, souvent ministre et président du Conseil également. Y siégera à ses côtés Jacques Soustelle, proche compagnon du général de Gaulle à Londres, ancien n°1 du RPF[11], ex-gouverneur général de l'Algérie nommé par Mendès-France pour ses idées réputées libérales.

Les hommes de Degueldre (qui sera fusillé), ceux du moins qui n'ont pas trouvé la mort dans l'apocalypse de l'OAS, fuient le plus souvent à l'étranger, en Espagne surtout. Avec quelques pieds-noirs, toujours prêts à s'engager contre de Gaulle, les survivants des commandos delta échafaudent des plans pour d'autres attentats qui, rarement, reçoivent un début d'exécution, avant de prendre une retraite facilitée par les amnisties successives. Certains anciens de l'OAS ou du CNR y ont même trouvé l'opportunité d'une nouvelle carrière. Jacques Soustelle, par exemple, qui sera de nouveau député de Lyon et entrera à l'Académie française...

Certes, les accords d'Évian ont sonné le glas de l'Algérie française, mais ils n'ont pas enseveli les souvenirs de la guerre de sept ans qui les a précédés. Des deux côtés de la Méditerranée, un demi-siècle après, ils demeurent chez ceux et celles qui, côte à côte ou face à face, en furent les acteurs, les témoins ou les victimes. Des millions d'hommes et de femmes, Français et Algériens, civils et militaires.

Comme l'avenir, la mémoire dure longtemps.

---

[11] RPF, le Rassemblement du Peuple Français, créé par de Gaulle en 1947 pour combattre la IVᵉ République.

CHAPITRE 2

28 octobre 1962
LE PRÉSIDENT DES NOTABLES DEVIENT LE PRÉSIDENT DES CITOYENS

« L'attentat tombe à pic ». Cette réflexion provocatrice du général de Gaulle après l'embuscade du Petit-Clamart par l'OAS qui avait manqué lui coûter la vie le 22 août 1962 confie le parti que le président de la République entendait en tirer[12]. Comment ? Le général de Gaulle le précise, dès le conseil des ministres suivant, le 29 août. « L'attentat a permis à l'opinion de prendre conscience des risques qu'avait courus la République », analyse le chef de l'État devant son ministre de l'information, Alain Peyrefitte, à l'issue du conseil où il a souligné devant les membres du gouvernement que « le Président de la République doit être l'expression directe de la volonté populaire ».

Le 12 septembre, toujours en Conseil des ministres, de Gaulle insiste : « Il faut que mon successeur soit l'élu du peuple et non des partis ». En finir par conséquent avec le collège de 80 000 notables prévu par la Constitution de 1958 qui l'avait d'ailleurs porté à l'Élysée à une large majorité[13].

En précisant quelques jours auparavant, le 29 août qu'il se disposait à « prendre les initiatives nécessaires », le général annonçait en filigrane son intention de consulter les Français, conformément à la méthode qui lui semblait la plus

---

[12] Alain Peyrefitte, *C'était de Gaulle*, Édition de Fallois Fayard, tome I p. 213.
[13] De Gaulle fut élu le 21 décembre 1958 par 60 394 voix (de droite et de gauche, dont les socialistes de Guy Mollet) contre 10 355 voix au communiste Georges Marrane et 6 751 au Pr. Albert Châtelet, candidat de l'Union des Forces Démocratiques (gauche non-gaulliste et en désaccord avec Guy Mollet).

démocratique, par un référendum dont le 28 octobre fut retenu pour date. Logiquement, estimait de Gaulle, dès lors qu'il s'agissait de compléter l'architecture institutionnelle dont la Ve République avait jeté les bases en 1958 en faisant du Président, selon la définition gaulliste, « un vrai chef de l'État, garant de l'intégrité du territoire, de l'indépendance de la République, du fonctionnement régulier des pouvoirs publics, chef des armées, chef de la diplomatie ». Avec le droit de dissoudre l'Assemblée nationale et, « si ça craque, complétait de Gaulle, le droit de prendre tous les pouvoirs », en vertu de l'article 16 de la Constitution. Impossible d'abandonner à 80 000 notables un droit qui impliquait l'ensemble des Français, et donc chacun d'entre eux.

Là, une question se pose qui le demeure : pourquoi, indépendamment de l'opportunité du Petit-Clamart, le choix de 1958 devenait-il caduc quatre ans plus tard ? Un demi-siècle après, on s'interroge toujours sur les raisons décisives d'une réforme dont le général de Gaulle n'avait jamais auparavant clairement affirmé l'exigence.

Lui-même s'en explique dans ses « Mémoires d'Espoir »[14]: « Parlant à Bayeux en 1946, je n'avais pas encore spécifié que le chef de l'État allait être élu au suffrage universel », reconnaît-il. La raison ? « Je jugeais bon, répond de Gaulle, de tenir compte des préventions passionnées que, depuis Louis-Napoléon Bonaparte, l'idée de « plébiscite » soulevait dans maints secteurs de l'opinion »[15].

À cette objection de l'histoire, s'ajoutait une raison plus immédiate, plus électorale peut-on dire, l'obligation de tenir compte de la Communauté et de l'Algérie qui, en cas de désignation du président de la République au suffrage universel, aurait octroyé à l'électorat d'Outre-mer une influence peut-être

---

[14] De Gaulle, *Mémoires d'Espoir*, Plon. Tome II, p. 17-20.
[15] Louis Napoléon Bonaparte, élu président de la IIe République au suffrage universel le 10 décembre 1848 (et à 40 ans). Quatre ans avant le coup d'État du 2 décembre 1851 qui donna naissance au second empire.

déterminante. Un argument qui avait disparu en 1962 après la fin de la Communauté et avec l'indépendance de l'Algérie.

Dans ces conditions, de Gaulle affiche dans ses « Mémoires » sa détermination : « J'étais résolu, écrit-il, à parfaire l'édifice (constitutionnel) avant la fin du septennat ». Avant 1965 donc. L'attentat de l'OAS lui en fournit l'occasion.

Parallèlement à ses motivations de principe, il faut retenir la méfiance du général à l'égard du collège présidentiel de 1958 dont les affinités politiques l'apparentaient davantage à un homme comme Antoine Pinay qu'il aurait pu élire-contre lui, de Gaulle- à la prochaine compétition élyséenne, celle de 1965[16].

Quant au choix de la procédure, celle de l'article 11 de la Constitution, de préférence à celle de l'article 89, qui provoquera contre de Gaulle la révolte de l'essentiel des juristes et de la plupart des formations politiques, il participait de la volonté du général de saisir directement le peuple par référendum, une démarche gaullienne s'il en est. Sans passer, au préalable, par les parlementaires, par ces « intermédiaires » dont de Gaulle s'était toujours gardé et craignait, en l'occurrence, qu'ils accommodent la révision constitutionnelle de conditions ou de correctifs pour lui inadmissibles. D'autant que, selon la procédure de l'article 89, la réforme constitutionnelle devait être approuvée par les sénateurs et les députés « en termes identiques ».

La polémique principale de la campagne référendaire porta moins d'ailleurs sur l'élection du président de la République au suffrage universel (populaire dans l'opinion et donc admise par les politiques), que sur la procédure de la révision constitutionnelle.

Dès lors que le recours à l'article 11 dessaisissait députés et sénateurs de tout droit de regard sur la réforme, la plupart des

---

[16] Même si, pour de Gaulle, le Collège des notables inscrit dans la Constitution de 1958 était un progrès sur la IVe République dont les présidents étaient élus à Versailles par le Congrès des députés et des sénateurs. Pour donner un successeur au premier président de la IVe, le socialiste Vincent Auriol (1947-1953), et permettre à l'indépendant René Coty (1953-1959) de s'imposer, il ne fallut pas moins de douze tours de scrutin. Une épreuve dont les palinodies ne rehaussèrent pas le prestige des institutions parlementaires dans l'opinion.

parlementaires-les Gaullistes de l'UNR exceptés, naturellement[17]- se retranchaient derrière l'article 89 qui affirme la compétence préalable des assemblées. À l'unanimité (moins une voix), le Conseil d'État devait leur donner raison en jugeant le projet inconstitutionnel.

La controverse n'est pas sans écho au conseil des ministres lui-même lorsque, le 19 septembre, le président de la République organise un tour de table parmi les membres du gouvernement. Plusieurs ministres formulent des objections à propos de la procédure de révision, tel le ministre de la Justice (et professeur de droit public) Jean Foyer. Mais, comme ses réserves n'entraînent pas de désaveu, elles lui valent cette boutade du chef de l'État : « Je vois que le Garde des Sceaux a des scrupules, mais il les surmonte… » Pierre Sudreau, le ministre de l'Éducation Nationale, va au-delà des scrupules et des réserves quand il s'inquiète du « déséquilibre des pouvoirs » et qualifie la réforme de « dangereuse et inopportune ». « Je vous demande de renoncer à ce projet funeste », demande-t-il au général. Devant l'insuccès de sa demande, le ministre de l'Éducation nationale démissionne cinq jours plus tard.

En définitive, le projet de loi référendaire qui ne touche ni aux pouvoirs ni à la durée du mandat du président de la République – le septennat n'est pas en question, par exemple- précise qu'à l'avenir le chef de l'État sera élu à la majorité absolue des suffrages exprimés, éventuellement au second tour, le deuxième dimanche suivant le premier tour.

Le cartel des « non »

En indiquant que « seuls peuvent s'y présenter les deux candidats qui, le cas échéant après retrait de candidats plus favorisés, se trouvent avoir recueilli le plus grand nombre de

---

[17] L'UNR, l'Union pour la Nouvelle République, regroupe les partisans du général de Gaulle, avec un modeste appendice, l'UDT (l'Union Démocratique du Travail), qui s'adresse aux gaullistes de gauche. « De bonnes bouteilles, mais de rares bouteilles », dira de Gaulle à l'un d'entre eux, le député (et ex-socialiste) Louis Vallon.

suffrages au premier tour », le projet annonce la bipolarisation de la consultation présidentielle. Autre précision : l'élection du nouveau chef de l'État doit intervenir, 20 jours au moins et 35 jours au plus, avant l'expiration des pouvoirs du président en exercice. En cas de vacance ou d'empêchement, l'intérim revient au président du Sénat ou, à défaut, au gouvernement.

Sur un point majeur, le projet référendaire innove avec l'exigence de parrainages qui visent à écarter du scrutin les candidats fantaisistes. De leur nombre, les ministres débattent plusieurs fois avant que de Gaulle tranche en retenant le patronage de 100 personnalités élues (essentiellement, les maires), et à condition qu'elles viennent, au moins, de dix départements ou territoires d'outre-mer[18]. Le ministre des Affaires Étrangères, Maurice Couve de Murville, se serait contenté de 50, mais certains membres du gouvernement en réclamaient beaucoup plus, 500 ou 1000. Georges Pompidou, lui, parlait de 2 000, voire de 5 000...

Les dés sont jetés et les grandes lignes de la campagne référendaire se dessinent aussitôt. Dans son message radiotélévisé du 3 octobre qui suit l'adoption définitive la veille par le gouvernement du projet référendaire, de Gaulle associe l'argument du Petit-Clamart à la démonstration politique. « Les attentats perpétrés contre moi m'obligent à assurer après moi une république solide, ce qui implique qu'elle le soit au sommet », explique-t-il en observant que « le président de la République a besoin de la confiance directe de la nation ».

Contre l'Élysée, les opposants décrètent la mobilisation générale. Président du Sénat, second personnage de l'État, promis de surcroît à l'intérim de l'Élysée en cas de vacance ou d'empêchement au sommet de l'État, Gaston Monnerville prend la tête des adversaires du général. Au congrès radical de Vichy le 29 septembre, il condamne « une violation délibérée de

---

[18] Ce nombre, jugé insuffisant à l'expérience des consultations de 1965, 1969 et 1974, sera porté à 500 « parrains » à partir de l'élection de 1981, venant de 30 départements ou TOM au moins (ce qui empêchera, par exemple, Jean-Marie Le Pen d'être candidat cette année-là).

la Constitution », refuse un référendum « manifestement illégal et anticonstitutionnel » et accuse franchement de Gaulle de « forfaiture ». De crime commis dans l'exercice de ses fonctions.

Aux côtés de Gaston Monnerville, l'essentiel de la classe politique, de droite comme de gauche, se déclare ardemment en faveur du « non ». Indépendants, radicaux, socialistes, MRP (mais les communistes, évidemment hostiles, sont tenus à l'écart) s'engagent à conclure un pacte électoral pour « la défense des libertés et le bon fonctionnement des institutions républicaines ». Tous unis dans ce qu'on appellera désormais « le cartel des non », ils déposent une motion de censure dont les 53 signataires -Maurice Faure (radical), Bertrand Motte (indépendant), Guy Mollet (socialiste) et Maurice-René Simonnet (MRP), notamment - demandent, par référence à l'article 89 de la Constitution, que la révision soit votée par le Parlement, puis approuvée par référendum.

Avec le président du Sénat, l'un des contestataires les plus déterminés se révèlera l'ancien président du conseil de la IIIe République, Paul Reynaud. « Allez dire à l'Élysée que nous ne sommes pas assez dégénérés pour renier la République », intime au nouveau Premier ministre, Georges Pompidou, dans le débat de censure le 5 octobre, celui qui fut « l'inventeur » du gaullisme. Paul Reynaud, qui avait fait entrer le général dans son gouvernement comme sous-secrétaire d'État à la Guerre et à la Défense nationale le 5 juin 1940.

Les autres porte-parole de l'opposition sont tout aussi sévères. « En répondant non, c'est la paix civile que nous défendons », affirme Guy Mollet tandis que Maurice Faure juge ironiquement que « pour assurer la continuité, mieux vaudrait respecter les institutions établies ». Après le député UNR des Alpes-Maritimes, Jean Pasquini qui voit dans l'affrontement entre « le cartel des 'non' » et les gaullistes « le conflit entre un régime qui cherche à se consolider et des forces politiques qui cherchent à s'opposer à cette consolidation », Georges Pompidou aborde, pour la première fois dans un débat décisif, la tribune redoutable du Palais Bourbon.

Après avoir relevé que les juristes plaident avec un égal talent des thèses contradictoires, le Premier ministre avertit solennellement les députés que, « si les libres discours qui sont la force des démocraties arrivent à nous opposer, le pays tranchera comme il est naturel ». En clair, la censure, c'est la dissolution.

La menace n'écarte pas le rejet qui est voté par une large majorité des députés, 280 sur 480. Outre les élus de gauche (les 10 communistes et les 43 socialistes), la plupart des députés indépendants (100 sur 121), MRP (50 sur 57), Entente démocratique (surtout radicaux, 32 sur 37), les élus « Algérie française » figurent parmi les censeurs. Lyrique, le parlementaire socialiste de la Creuse, André Chandernagor, croit déjà « qu'on parlera des 280 comme on a parlé des 363 ». Des 280 députés qui ont fait échec à de Gaulle en 1962 comme des 363 qui ont désavoué Mac-Mahon en 1877…

Avec la dissolution qui intervient aussitôt, deux campagnes cheminent côte à côte, la campagne référendaire et la campagne législative, dont l'Élysée n'a pas voulu que les dates coïncident, en misant sur un succès du « oui » au référendum du 28 octobre pour mieux gagner les législatives fixées aux 18 et 25 novembre.

Deux campagnes, mais deux styles différents. Le « cartel des non» qui a fait la preuve de son efficacité dans le débat et le vote de censure s'emploie à rassembler dans une commune opposition les notables de tous bords et de toutes catégories. Il y réussit amplement : le conseil d'État, le conseil constitutionnel, les conseils généraux, les municipalités, les formations politiques, les personnalités (même les académiciens ne dédaignent pas d'entrer en lice pour faire connaître leur choix), souvent les syndicats, se mobilisent plus ou moins activement dans le refus.

Certains sont divisés cependant, les démocrates chrétiens du MRP, par exemple. Le cas du dernier et éphémère président du conseil de la IVe République, Pierre Pflimlin, est symptomatique. Hostile à la procédure référendaire, le député alsacien a voté la censure. Mais, partisan de l'élection du chef de l'État par le peuple, il prône le « oui » au référendum (comme le gaulliste historique, Maurice Schumann, mais contre la majorité des dirigeants du Mouvement, Jean Lecanuet, Pierre-Henri Teitgen et Maurice-René Simonnet).

Dans la foulée

En revanche, de Gaulle et les gaullistes pratiquent l'appel au peuple contre les « intermédiaires ». En insistant sur le droit nouveau qui sera reconnu à chacun par la réforme de désigner le plus haut magistrat de l'État, un droit réservé jusqu'ici à quelques dizaines de milliers d'élus municipaux, ils s'adressent au plus grand nombre. De Gaulle lui-même recourt à la démonstration à la radio et à la télévision sans renoncer à son argument favori du quitte ou double. « Si la majorité des 'oui' est faible, médiocre, aléatoire, répète-t-il plusieurs fois, ma tâche sera terminée aussitôt et sans retour ». Sans négliger non plus de fustiger au passage « le régime désastreux » d'avant 1958.

Pendant plusieurs semaines encore, les mêmes convictions ou invectives sont échangées par les deux camps. « La Constitution doit être révisée par les élus de la nation », affirme René Pleven, un gaulliste de Londres. « La décision du général de Gaulle se justifie en raison de la gravité des temps », corrige Michel Debré alors qu'Edgar Faure, œcuménique dans son rejet, dit « non » sur la forme et « non » sur le fond. Le communiste Waldeck Rochet, lui, se veut unitaire pour tous et prépare l'avenir : « Nous bannissons tout sectarisme, dit-il. Notre devise est plus que jamais : écarter tout ce qui divise et tenir compte de tout ce qui nuit ». L'union de la gauche en perspective et, pour maintenant, l'union des républicains. L'essentiel pour les communistes, sortir de l'isolement où les maintient la guerre froide.

Du côté des « non » également, Jean-Jacques Servan-Schreiber invite à « refuser le chantage », et Gaston Defferre redoute que les gaullistes veuillent « nous conduire à la dictature ». Dans un premier temps, Pierre Mendès-France demande, en raison des tensions internationales, l'ajournement du scrutin référendaire. Sans réponse de l'Élysée, il soutient activement le « non » qui ne serait, explique l'ancien Président du conseil, « ni le chaos, ni le retour à la IVe République ». L'OAS et les activistes de l'Algérie française s'invitent également dans le débat en préconisant un « non » offensif qui embarrasse surtout les autres opposants, à gauche d'abord.

Aux côtés du général, le Premier ministre, les membres du gouvernement, les grandes figures du gaullisme comme André Malraux appuient à l'envi le vote positif. Comme, parmi les alliés, le ministre indépendant Valéry Giscard d'Estaing qui choisit « le 'oui' en pensant à la France ». Inconditionnel du général, l'écrivain François Mauriac laisse deviner qu'il s'interroge, mais répond avec la foi du charbonnier : « dans le doute, il faut choisir d'être fidèle ».

Le 28 octobre, le verdict tombe et il est sans appel : 12.809.363 des 27.588.113 inscrits donnent une majorité franche de 61,79 % au « oui », 7.932.695 électeurs répondent « non » (38,24 %) et 6.280.297 s'abstiennent (22,76%). Cinq départements se distinguent qui ont voté « oui » à plus de 80 % (le Bas Rhin, le Haut Rhin, la Moselle, la Manche et la Meuse). Au contraire, 14 départements, principalement du Midi, se sont majoritairement prononcés pour le « non » (l'Aude, l'Ariège, le Vaucluse, le Tarn et le Tarn et Garonne, par exemple). La petite histoire retiendra qu'à Colombey-les-deux-Églises, le village du général, on a recensé 9 « non» sur 189 suffrages exprimés…

De Gaulle a gagné « son » quatrième référendum depuis 1958, mais c'est le dernier dont il sortira vainqueur. Avant celui du 27 avril 1969 sur la régionalisation et la rénovation du Sénat où les Français lui signifient son congé[19].

Avant sa publication au Journal officiel du 7 novembre, la loi référendaire fera l'objet d'une dernière, mais double contestation. Une requête de Gaston Monnerville devant le conseil constitutionnel contredit la régularité du scrutin et la

---

[19] Voir « 27 avril 1969. Les Français prennent congé du général de Gaulle » (p 45).

constitutionnalité de la loi. Mais, par six voix contre quatre (aux neuf « Sages » désignés par les présidents de la République, du Sénat et de l'Assemblée Nationale, s'est joint l'ancien président socialiste de la IVe République Vincent Auriol, membre de droit), le conseil se déclare incompétent. De même, Vincent Auriol tente d'empêcher la proclamation des résultats, mais il n'est pas suivi.

L'allocution du général de Gaulle, le jour même de la publication de la loi, relance les polémiques. « Les partis ne représentent pas la nation », assène-t-il aux battus du 28 octobre en revendiquant pour le président de la République « le droit de soumettre au pays par voie de référendum tout projet de loi sur l'organisation des pouvoirs publics ».

Cette perspective implicite d'autres référendums suscite de vigoureuses protestations. Intervention intolérable, aggravation du pouvoir personnel, menace sur la démocratie, répliquent les adversaires du général. Face à l'UNR qui pense aux législatives des prochains jours : « le choix sera clair le 18 novembre », prend-elle le pari.

En effet, et ce n'est pas le catalogue d'intentions publié avant le vote par les partis du « cartel des 'non' » qui infirmera la tendance. Dans la foulée du référendum, les gaullistes sortent grands vainqueurs de la consultation des 18 et 25 novembre, au détriment principal du Centre National des Indépendants qui perd 78 de ses 106 députés. Plusieurs personnalités de renom quittent l'hémicycle du Palais-Bourbon. Dans le Nord, l'échec de Paul Reynaud entraîne la fin de sa carrière politique. Dans l'Eure, Pierre Mendès-France doit céder le siège de Louviers à un centriste. La première défaite de PMF dans son fief depuis son élection à la chambre des députés en 1932 !

Au total, les élus gaullistes frôlent la majorité absolue au Palais Bourbon (230 sièges sur 487), malgré le revers en Indre-et-Loire de Michel Debré qui retrouvera un mandat législatif à la Réunion dès l'année suivante.

Comme à droite, où les électeurs modérés se sont plus volontiers reportés sur les candidats UNR que sur ceux du

« cartel des 'non' », les sympathisants de gauche optent pour les « pesanteurs sociologiques » dont parlera le centriste Jean Lecanuet trois ans plus tard (pour ne pas appeler à voter pour François Mitterrand au second tour des présidentielles de 1965). Après quinze ans d'affrontements sans concession, socialistes et communistes votent les uns pour les autres et en tirent bénéfice puisque les députés de Guy Mollet progressent à 65 sièges (+ 24) et ceux de Maurice Thorez à 41 (+ 31)[20]. L'union de la gauche prend le départ au second tour des législatives de novembre 1962.

En revanche, les quelques candidats patronnés par le « cartel des 'non' » obtiennent des résultats calamiteux : ainsi, en Seine-et-Oise, où socialistes, indépendants, MRP et radicaux présentaient des candidats uniques dans les 18 circonscriptions du département, un seul des huit députés sortants conserve son siège, la radicale Jacqueline Thome-Patenôtre, réélue dans son fief de Rambouillet.

Le « cartel des 'non' » est mort dans les urnes.

---

[20] Les législatives de novembre 1958 avaient été un désastre pour les communistes : sans alliés, ils ne réussissent à faire élire que dix d'entre eux (dont Maurice Thorez et Waldeck-Rochet) qui, en l'absence d'un groupe parlementaire, durent siéger parmi les députés non inscrits.

CHAPITRE 3

Mai 1968
LA CONTESTATION S'IMPOSE, SAUF DANS LES URNES

« Quand la France s'ennuie… » Sous ce titre, le rédacteur en chef du *Monde*, Pierre Viansson-Ponté, éditorialise le 15 mars 1968 en balayant le spectre de l'ennui en France. « Ce qui caractérise actuellement notre vie politique, c'est l'ennui », décide le journaliste pour qui rien, décidément, n'intéresse les Français. Ni la guerre du Vietnam, ni le conflit du Moyen-Orient, ni les guérillas d'Amérique latine. Rien…rien…rien…
« La jeunesse s'ennuie », constate derechef Viansson-Ponté qui relève que les étudiants manifestent en Espagne, en Italie, au Japon, presque partout en Europe et dans le monde, en France excepté. « Même de Gaulle s'ennuie » qui, à défaut d'inaugurer les chrysanthèmes, officie comme les présidents d'autrefois au Salon de l'agriculture, estime le journaliste. Avant de conclure que « conduire un peuple, lui ouvrir des horizons » requiert « des élans, même s'il doit y avoir un peu de bousculade… ».
Cet article du *Monde*, la postérité de mai 68 y lira un signe du mal de vivre à la française. Sauf que « les orages désirés » qu'appelait de ses vœux Viansson-Ponté allèrent très au-delà des « bousculades », jusqu'à des affrontements sévères qui marquèrent durablement la Ve République. Et son fondateur, le général de Gaulle, dont « les événements » provoquèrent, dès l'année suivante, la retraite définitive à Colombey.
Mai 68 devait être à la fois une preuve et une épreuve. Une preuve des frustrations qui travaillaient en sous-main la société française (et, avec la France, la plupart des pays d'Occident).

Une épreuve qui mit à mal les certitudes dans lesquelles le régime gaulliste était installé, avec un slogan ravageur « dix ans, ça suffit ! » qui deviendra le leitmotiv des défilés, rassemblements et manifestations du mois de mai.

Selon les apparences pourtant, la France gaulliste se porte bien. Certes, le général n'a été réélu pour un second septennat le 19 décembre 1965 que par 54 % des Français, alors que la grande majorité des politiques – et, d'abord, lui-même - s'attendaient à un plébiscite dès le premier tour. Avec près de 45 % des votes, François Mitterrand a entamé la longue marche qui le mènera à l'Élysée le 10 mai 1981[21].En attendant, le candidat de la gauche a créé et préside une Fédération de la Gauche démocrate et socialiste qui réunit la SFIO de Guy Mollet, les radicaux de René Billères et sa propre formation, la Convention des Institutions Républicaines.

Sous le magistère d'un vieux président - de Gaulle a 78 ans- paternaliste et protecteur, la France conserve le cap de ce qui deviendra dans la mémoire collective « les trente glorieuses », une période unique où, chaque année, la société de consommation distribue un pouvoir d'achat en hausse, où les riches s'enrichissent, où les pauvres commencent à sortir de la pauvreté dans un progrès continu dont on n'imagine mal qu'il s'arrête.

À l'Hôtel Matignon, Georges Pompidou s'est fait une tête d'électeur bourgeois et cultivé. Il gouverne la France comme Guizot la gérait sous la monarchie de Juillet et le plus grand nombre, apparemment, ne demande qu'à s'enrichir…

Pour la première fois depuis 1939, la France qui est sortie du bourbier algérien en 1962, a déclaré la paix au monde. Et, si les contraintes de la guerre froide enracinent le gaullisme dans le camp des adversaires de l'Union Soviétique, le général y revendique une place à part qui flatte l'ego national. La France a quitté l'OTAN en 1966, les troupes américaines installées en France ont plié bagage et, dans son discours de Pnom Penh, le

---

[21] Voir « 10 mai 1981. La Ve République se donne un Président de gauche » (p. 105).

général a pris ses distances avec la guerre américaine au Vietnam. Les communistes d'ailleurs, qui contrôlent les gros bataillons de la gauche, reconnaissent quelque mérite à la politique étrangère de l'Élysée.

Avec mai 68, la France qu'on ne qualifie pas encore de profonde, va découvrir d'elle-même une réalité différente. Et quoi de plus normal qu'elle se manifeste d'abord chez les jeunes et, parmi les jeunes, chez les étudiants à qui l'université octroie un moment privilégié de réflexion ? Si les jeunes étudiants sont les plus enclins à contester - un terme qui fera fortune pour désigner une protestation qui s'affirme un peu partout dans le monde-ils expriment une remise en cause qui, peu ou prou, touche l'ensemble de l'organisation sociale. Leur rejet ne se borne pas à une société politique où les jeunes ne trouvent pas leur place ; elle va plus loin, elle s'attaque aux mœurs, aux comportements, aux valeurs des générations précédentes.

Dans ce printemps agité de 1968, l'université devient un détonateur. « Nous refusons d'être les futurs cadres de l'exploitation capitaliste », proclame à Nanterre un certain Cohn-Bendit. « Dany-le-Rouge » comme on appellera l'initiateur très médiatique du « Mouvement du 22 mars » de Nanterre qui jouera un rôle dans les événements de mai.

Dans ce microcosme de Nanterre, artificiellement bâti en banlieue parisienne, se met en place au gré des incidents entre étudiants de bords opposés et des décisions de fermeture et de réouverture du doyen Grappin, une mécanique dont la contagion va déstabiliser la Sorbonne et, bientôt, l'ensemble de l'université. Sans oublier que, si les étudiants seront aux premières loges durant le moi de mai, l'effervescence gagne au-delà. Au sein de ces « couches nouvelles » chères au sociologue Serge Mallet qui diversifient la classe salariale où l'hégémonie des communistes, « le parti de la classe ouvrières », n'est plus ce qu'elle était.

Au fil des jours où la Ve République manqua sombrer, l'opinion deviendra familière d'organisations dont elle ignorait l'existence jusqu'ici, de noms et de visages qui, le plus souvent, n'avaient pas franchi les limites du Quartier latin et de ses succursales banlieusardes, à commencer par Nanterre.

S'imposera comme la troïka dirigeante du mouvement, aussi bien dans les médias que sur le pavé, Daniel Cohn-Bendit (l'animateur du mouvement du 22 mars), Alain Geismar (à la tête du Syndicat de l'Enseignement supérieur) et Jacques Sauvageot (le leader de l'UNEF).

Politiquement, les groupes qui se révèlent en mai, (voire les groupuscules que dénoncent les communistes) participent de deux courants principaux, les trotskystes et les maoïstes. Divisés, les trotskystes se partagent essentiellement entre la Jeunesse Communiste Révolutionnaire dirigée par Alain Krivine et la Fédération des Étudiants Révolutionnaire liée à l'Organisation Communiste Internationaliste de Pierre Lambert. La JCR, pleinement engagée dans le mouvement, lui apporte, à défaut de gros bataillons, la discipline et le professionnalisme de ses militants. Au contraire, la FER combat une agitation qui, estime-t-elle, ne peut que faire « le jeu de la bourgeoisie ».

Comme les trotskystes, les maos se fractionneront en mai 68. L'union des Jeunesses Communistes (Marxistes Léninistes), dont les assises les plus solides et les principaux dirigeants, Benny Lévy et Robert Linhart, sont élèves à Normale Supérieure, se montre réservée sur et dans les événements. Pour sa part, le Mouvement du 22 mars, créé quelques semaines auparavant à Nanterre, peut être qualifié d'anarcho-maoïste. Constamment impliqué en mai 68, le « 22 mars » a l'atout d'un leader reconnu comme Cohn-Bendit.

Jouent également un rôle l'Union des Étudiants Communistes et les Étudiants socialistes Unifiés. L'UEC tente de s'opposer aux « gauchistes » mais elle a perdu beaucoup de son influence au Quartier latin et continuera à en perdre. Les ESU comptent dans plusieurs facultés des militants efficaces et bien rodés. Pierre Mendès-France, le seul cacique de la classe politique à avoir prestige et respect parmi les étudiants, appartient au parti de Michel Rocard. Et aussi Jacques

Sauvageot, le vice-président de l'UNEF, chargé de l'intérim du président, démissionnaire.

Les groupes de mai - éventuellement les uns contre les autres- occuperont une place majeure dans les affrontements, les violences, les grèves, les défilés et aussi les barricades qui, pratiquement, ne cesseront pas un seul jour, une seule nuit du mois.

« La chienlit, non ! »

Face à un appareil d'État qui s'écroule jusqu'à disparaître (à l'exception décisive de la police et des CRS), leur seul partenaire-adversaire sera le parti de Waldeck Rochet. Obstinément, et jusqu'au bout, les communistes dont la CGT sera en permanence le bras armé refusent l'unité d'action ouvriers-étudiants, quitte à apparaître comme l'allié « objectif » du pouvoir gaulliste. Globalement, les communistes réussiront à empêcher ce front commun, mais au prix d'un succès à la Pyrrhus qui altère gravement leur image pour l'avenir.

Aux côtés du Président de la République et d'un gouvernement handicapé par le voyage du Premier ministre en Iran et en Afghanistan, puis par le déplacement du chef de l'État en Roumanie, les gaullistes ne rentreront vraiment en scène que le 30 mai. Pour organiser le défilé de la droite jusque-là silencieuse et démontrer que le pouvoir de la rue ne joue plus à l'avantage exclusif des contestataires.

Jusqu'au retour de Georges Pompidou le 14 mai qui reprend en mains l'action gouvernementale, les premiers rôles sont dévolus à Louis Joxe qui assure l'intérim du Premier ministre, au ministre de l'intérieur Christian Fouchet et à celui de l'Éducation Nationale, Alain Peyrefitte dont les valses-hésitations sur l'ouverture-fermeture de la Sorbonne alimenteront les mobilisations étudiantes.

La chronologie de mai déroule cet enchaînement de refus et de chocs, de parades et d'intrigues, qui, pendant un mois, agite la France des facultés et des entreprises, avant de créer pendant quelques jours un climat presque insurrectionnel :

-2 mai, des incidents éclatent à nouveau à Nanterre où le doyen suspend les cours. Dans *l'Humanité*, Georges Marchais, l'homme qui monte dans le parti de Waldeck Rochet, dénonce « l'anarchiste allemand Cohn-Bendit ».

-3 mai, les CRS font évacuer la Sorbonne. Aussitôt, l'UNEF et le SNESup décident la grève. Première soirée de heurts au Quartier latin où 2 à 3 000 étudiants affrontent 1 500 policiers. Incendies, nombreux blessés, 600 arrestations parmi les étudiants.

-4 mai, les cours sont suspendus à la Sorbonne.

-5 mai, le gouvernement veut faire preuve de détermination : en audience de flagrant délit, le Tribunal (réuni exceptionnellement un dimanche) condamne 13 manifestants dont quatre à 2 mois de prison ferme pour violence à agents.

-6 mai, protestation étudiante contre ces condamnations, nouvelles violences qui mobilisent jusqu'à 20 000 participants dans ce qui devient la première journée d'émeutes. Bilan : plus de 500 blessés, étudiants ou policiers, plus de 400 arrestations. La province étudiante manifeste sa solidarité dans les principales universités et, à son tour, descend dans la rue.

-7 mai, l'UNEF et le SNESUP posent trois préalables à des négociations : réouverture de la Sorbonne et de Nanterre, amnistie des manifestants condamnés, évacuation du Quartier latin par la police.

-8 mai, Christian Fouchet et Alain Peyrefitte affirment la nécessité de « défendre l'ordre républicain ». Toutefois, le ministre de l'Éducation nationale laisse envisager une reprise des cours à la Sorbonne et à Nanterre dès le lendemain.

-9 mai, Alain Peyrefitte revient sur son annonce de la veille. La Sorbonne restera fermée, dit-il « jusqu'au retour au calme ». L'effervescence reprend.

-10 mai, escalade de la violence : les pavés, désormais, ne servent plus exclusivement de projectiles contre les CRS, mais à construire des barricades, près d'une centaine de barricades. À 2 heures du matin, à l'annonce de l'échec des négociations entre les autorités universitaires et les représentants étudiants pour la réouverture de la Sorbonne, tout s'embrase. Après plusieurs heures d'attente, CRS et policiers partent à l'assaut. La nuit des barricades ne s'achèvera qu'au petit matin, après des combats de rue acharnés et avec un bilan très lourd : 350 blessés, près de 500 interpellations, 200 véhicules incendiés. Le Quartier Latin offre le visage d'une ville dévastée. Selon la formule établie, « force reste à la loi ». Heureusement, malgré le slogan « CRS-SS », qui date de cette nuit et s'épanouira dans les manifestations à venir, le sang froid du préfet de police Grimaud, celui des dirigeants étudiants aussi, a évité l'irréparable.

Unanimes, les grandes centrales syndicales, CGT, CFDT, Force Ouvrière et la Fédération de l'Éducation Nationale appellent à la grève générale « contre la répression policière ». De retour d'Afghanistan, Georges Pompidou décide la libération des manifestants arrêtés et annonce un projet d'amnistie pour les condamnés.

-13 mai, 1 million de manifestants (selon les organisations, mais les Renseignements généraux n'en dénombrent « que » 200 000) défilent de la République à Denfert-Rochereau. Les ouvriers de leur côté, les étudiants du leur, la CGT y veille.

Dans les facultés, s'installent un pouvoir étudiant et « une université critique » ouverte à tous. À la Sorbonne, occupée par les étudiants, les Parisiens -voire les touristes- découvrent, sous les portraits de Lénine, Trotsky, Mao, Castro et, naturellement, Marx et Engels, la littérature des groupes qui tiennent table ouverte. On trouve jusqu'à des émules de Staline…

-14 mai, le mouvement s'élargit en dehors des facultés. Les ouvriers de Sud-Aviation, près de Nantes, occupent leur usine.

-15 mai, Renault entre en action, les ouvriers de Billancourt et Flins débraient à leur tour. L'usine de Cléon est occupée.

-16 mai, grève à Lyon chez Berliet et Rhodiaceta. L'extension du mouvement souligne les différences d'approche entre dirigeants syndicaux. La CGT dénonce « les gauchistes » tandis que la CFDT se dit sensible aux revendications étudiantes.

-17 mai, les grèves avec occupation font tache d'huile, à travers la France, en donnant au mouvement sa dimension de protestation sociale majeure. Les transports publics, la SNCF et la RATP notamment, interrompent leur trafic.

Une permanence de « révolution créatrice » se tient à l'Odéon qui est occupé jour et nuit.

-18 mai, de Gaulle écourte son voyage en Roumanie. Georges Pompidou résume l'opinion du chef de l'État dans une phrase appelée à faire florès, « la réforme oui, la chienlit non ! ».

-20 mai, La France est paralysée. On compte 8 millions de grévistes, davantage qu'en 1936. Entre la CGT et la CFDT, la fracture s'élargit : la CGT parle revendications concrètes, la CFDT revendique une « démocratisation de l'entreprise » qui vise le régime capitaliste.

-22 mai, la politisation du mouvement s'affirme, l'opposition parlementaire demande la démission du gouvernement, et des élections générales, sauf les communistes qui n'en parlent pas.

Les députés repoussent la censure défendue par la gauche qui ne recueille que 233 voix (244 lui étaient nécessaires pour renverser le gouvernement). En revanche, l'Assemblée nationale approuve l'amnistie voulue par le Premier ministre.

Les organisations syndicales se déclarent prêtes à négocier avec les pouvoirs publics et le patronat.

Une interdiction de séjour à l'encontre de Cohn-Bendit provoque de nouvelles violences.

La disparition de Baden-Baden

- 23 mai, nouvelles manifestations par solidarité avec Cohn-Bendit, nouvelles victimes, nouvelles arrestations. Conséquence, une rupture entre l'UNEF et la CGT qui juge l'organisation étudiante « irresponsable ».

-24 mai, de Gaulle annonce pour le 16 juin un référendum sur « la participation » dont il attend « la rénovation » de la

France. Cégétistes et étudiants manifestent dans Paris, mais de manière séparée. Les étudiants s'opposent au référendum gaulliste : 500 blessés, 700 arrestations. Heurts sanglants en province également, surtout à Strasbourg, Lyon et Bordeaux.

-25 mai, unanime, la gauche politique et syndicale refuse le référendum. Les fidèles du général, eux, s'emploient à mobiliser ses partisans tandis que des CDR, des Comités de Défense de la République, se forment pour « combattre la subversion ». Les négociations gouvernement-patronat-syndicats s'engagent rue de Grenelle, au ministère des Affaires sociales.

-27 mai, un protocole d'accord intervient qui satisfait, en partie, mais en partie seulement, les revendications des salariés (traitements, retraites notamment). Le Premier ministre y voit « le résultat exemplaire d'une crise extraordinairement sévère ». Prudent, Georges Séguy subordonne son agrément à une consultation des travailleurs. Justement à Billancourt, les ouvriers refusent les accords de Grenelle ; de même à Sud-Aviation, à la SNECMA, Berliet, Rhodiaceta, ailleurs aussi.

Au stade Charléty, la CFDT s'associe aux 30 000 participants réunis par l'UNEF et le PSU où, en présence de Mendès-France, certains orateurs jugent la révolution à portée de main.

-28 mai, François Mitterrand se déclare candidat à l'Élysée en cas de vacance du pouvoir et propose un gouvernement dirigé par Mendès-France. Georges Pompidou accepte officiellement la démission d'Alain Peyrefitte (démission présentée dès le 11 mai, après la nuit des barricades) et assume le portefeuille de l'Éducation nationale. Daniel Cohn-Bendit rentre en France et nargue le pouvoir en tenant une conférence de presse à la Sorbonne.

-29 mai, de Gaulle disparaît pendant plusieurs heures sans que personne connaisse sa présence à Baden-Baden au Q.G. du général Massu, commandant des forces françaises en Allemagne et gaulliste historique. Pour s'assurer de la fidélité de l'armée, ultime rempart contre la « chienlit » ? Pendant ce temps, la CGT rassemble plusieurs centaines de milliers de manifestants sur les mots d'ordre « Adieu de Gaulle » et « gouvernement populaire ».

-<u>30 mai</u>, de Gaulle annonce, outre son maintien à l'Élysée et la confirmation de Georges Pompidou à Matignon, la dissolution de l'Assemblée nationale, l'ajournement du référendum sur « la participation », la fixation des législatives aux 13 et 20 juin.

Au même moment, près d'un million de personnes remontent les Champs-Élysées avec, à leur tête, les principaux dirigeants gaullistes. Pour cette manifestation, un seul mot d'ordre « de Gaulle n'est pas seul ». La province s'associe le jour même et le lendemain.

D'ailleurs, mai 68 s'achève, l'essence revient tandis que les contestataires étudiants défilent encore une fois dans les rues de la capitale en scandant leurs nouveaux slogans, « élections, piège à cons » et « élections, trahison ».

Les dés roulent, mais à l'avantage du chef de l'État désormais. En application des engagements qu'il aurait pris à Baden-Baden, de Gaulle gracie plusieurs des condamnés militaires de l'OAS, tels les généraux Salan et Jouhaux. D'autres prévenus bénéficient d'abandon de poursuites ou de liberté provisoire. Six ans après les accords d'Évian, mai 68 solde les comptes de l'Algérie française.

La « chienlit » se poursuit quelques jours encore. De graves incidents ont lieu à Flins et à Montbéliard. Deux morts, les premiers morts du mouvement, - un lycéen et un ouvrier- provoquent des affrontements à Paris.

Réplique de Georges Pompidou : toutes les manifestations sont interdites sur l'ensemble du territoire, 11 organisations ou groupes d'extrême gauche sont dissous. La Sorbonne, occupée par les étudiants depuis le 13 mai, est évacuée le 16 juin. Deux jours avant, la même opération avait eu lieu à l'Odéon. Le travail reprend peu à peu dans les entreprises les plus engagées dans le conflit, la SNCF (le 6 juin), Renault (le 18 juin), Citroën (le 25 juin), Usinor-Dunkerque (le 26 juin).

À l'inverse des législatives de mars 1967 qui n'avaient donné au Président de la République qu'une majorité précaire (2 voix seulement) de Gaulle trouve dans les urnes de juin la majorité la plus forte qu'il ait jamais obtenue depuis 1958. C'est l'heure du gaullisme triomphant : avec 294 sièges sur 489, l'Union pour la Défense de la République et ses alliés Républicains indépendants (64 députés) domine sans partage la nouvelle assemblée Pour l'opposition dans toutes ses composantes, mai 68 s'achève sur une défaite qui prend l'allure d'une déroute[22].

Au-delà, mai 68 va conduire à une recomposition décisive du paysage politique. De Gaulle n'est que le vainqueur apparent d'une confrontation dont l'issue doit beaucoup à Georges Pompidou, à son sang-froid et à la maestria qu'il a démontrée au cours des événements. De Gaulle repartira à Colombey moins d'un an plus tard, après l'échec du référendum sur la régionalisation et la réforme du Sénat dont il attendait une restauration de sa légitimité entamée en mai 68[23].

À gauche, les conséquences du printemps 68 bouleversent également la donne. Si le parti communiste réussit à contrôler le mouvement contestataire, sa démonstration de force commence à l'isoler (dans la jeunesse universitaire d'abord, mais aussi de certains intellectuels et même d'une partie de la classe ouvrière). On ne le sait pas encore, mais le parti de Waldeck Rochet, qui devient rapidement celui de Georges Marchais, entre dans une nouvelle période qui sera celle du déclin.

Patron de la Fédération, François Mitterrand va payer très cher l'erreur de sa candidature à contre-temps qui annule le crédit de sa campagne présidentielle de 1965. Traité en pestiféré par Guy Mollet et la SFIO, il faudra trois ans au député de la Nièvre pour retrouver au congrès d'Épinay les conditions d'un destin national. À condition de donner du temps au temps, une décennie encore[24].

---

[22] Aux législatives de juin 1968, les députés de la FGDS ne sont plus que 57 (au lieu de 118 en mars 1967), les communistes 34 (contre 73) et les centristes d'opposition 27 (contre 42).
[23] Voir « 27 avril 1969. Les Français prennent congé du général de Gaulle » (p. 45).
[24] Voir « 11-13 juin 1971. Les socialistes entament à Épinay leur longue marche vers le pouvoir » (p. 57).

CHAPITRE 4

27 avril 1969
LES FRANÇAIS PRENNENT CONGÉ DU GÉNÉRAL DE GAULLE

Sec et précis, le communiqué tombe à 0h11 sur le fil de l'Agence France Presse, signé par le général de Gaulle et dicté depuis Colombey-les-Deux-Églises : « Je cesse d'exercer mes fonctions de Président de la République. Cette décision prend effet aujourd'hui à midi ».

Aujourd'hui à midi, le lundi 28 avril 1969.

Cette déclaration mettait fin, sinon au gaullisme (d'autres chefs de l'État s'en réclameront, avec plus ou moins de titres à le faire), mais à un certain gaullisme. Celui qu'incarnait le général depuis qu'en mai 1958, la IVe République défaillante avait confié à l'homme du 18 juin la terrible mission de régler le problème de l'Algérie en gagnant la guerre ou en faisant la paix, dilemme que ses dirigeants, de droite comme de gauche, s'étaient révélés incapables d'assumer.

Onze ans d'un pouvoir qui, s'il n'était ni « le coup d'État permanent » décrit par François Mitterrand, ni le zénith de la grandeur nationale vantée par ses thuriféraires, laissera dans l'histoire de la France, depuis les débuts de la IIIe République un siècle plus tôt, une empreinte sans équivalent.

Ni la décision du général de Gaulle de se retirer, ni les résultats du référendum du 27 avril sur la régionalisation et la réforme du Sénat n'étaient une surprise. Ses intentions, le chef de l'État les avaient confiées sans ambiguïté le 10 avril dans un entretien radio-télévisé avec Michel Droit, son interviewer attitré depuis l'élection présidentielle de 1965. « De la réponse que fera le pays à ce que je lui demande va dépendre, évidemment, soit la continuation de mon mandat, soit mon départ », avait souligné de Gaulle. Avant de le répéter le 25 avril, deux jours avant le scrutin, dans une ultime adresse aux électeurs : « Si je suis désavoué par une majorité d'entre vous, je cesserai immédiatement mes fonctions ».

De la même façon, le glissement de l'électorat dans les dernières semaines de la campagne référendaire laissait prévoir l'échec du 27 avril. Deux sondages du même institut publiés à dix jours d'intervalle traduisaient le décrochage de certains électeurs jusqu'ici acquis à un vote positif. Les 11 et 12 avril, 53% des sondés se déclaraient en faveur du « oui » et 47 % pour le « non ». Dans l'enquête réalisée les 21 et 22 avril en revanche, 53 % des intentions de vote allaient au « non » et 47 % au « oui ». Une désaffection qui touchait en particulier les cadres supérieurs, les professions libérales, les commerçants et artisans.

Les urnes du 27 avril photographient exactement ces prévisions en accordant, sur 28 566 424 inscrits, 11 943 233 suffrages au « non » (53,17 %) et 10 515 655 voix au « oui » (46,82 %), tandis que 5 565 475 électeurs s'abstiennent (19,42 %).

Avec un tassement parfois sensible du vote gaulliste et une avancée à l'occasion significative de ses opposants, la géographie du « oui » et celle du « non » répètent la coupure des deux France. En tête du « non », quatre départements : la Seine-Saint-Denis (à forte composante communiste, 63,02 % de « non »), le Vaucluse (où les rapatriés d'Algérie renforcent la gauche, 61,69 %), le Gers (61,59 %) et l'Aude (61,40 %) avec, dans les deux cas, un électorat de la gauche non communiste traditionnellement important. À l'avant-garde du « oui », le Bas-Rhin et le Haut Rhin (à l'électorat gaulliste traditionnel avec, respectivement, 68,21 % et 67,55 % de « oui »), puis la Vendée et le Morbihan (d'électorat à dominante conservatrice, 64,14% et 61,29 %).

Le cinquième référendum de la Ve République se révélait donc fatal à son fondateur.

À quatre reprises, depuis son retour au pouvoir en 1958, les Français avaient, à des majorités franches et parfois

impressionnantes, répondu par l'affirmative comme le leur demandait le général de Gaulle :
- le 28 septembre 1958, 79,25 % des électeurs avaient approuvé la Constitution de la V° République (abstentions, 15,06 %).
- le 8 janvier 1961, ils se prononçaient à 75,26 % en faveur de l'autodétermination de l'Algérie (abstentions, 23,51 %).
- le 8 avril 1962, ils entérinaient à 90,7 % l'indépendance de l'ancien fleuron de l'Empire français (abstentions, 24,41 %).
- le 28 octobre 1962, ils ratifiaient à 61,75 % l'élection du Président de la République au suffrage universel (abstentions, 21,76 %).

Une question reste posée pour l'histoire qui a suscité (et suscite encore) des réponses diverses. : pourquoi le général de Gaulle, malgré sa maîtrise de la mécanique référendaire, s'est-il lancé dans une entreprise dont l'issue, dès le début, apparaissait incertaine et même douteuse[25]? De Gaulle, a-t-on dit, souffrait d'un « référendum rentré » depuis qu'en mai 1968 il avait dû renoncer à celui qu'il prévoyait sur « la participation». En même temps, le Président de la République avait dû partager avec son Premier ministre d'alors, Georges Pompidou, le raz de marée électoral dont avaient bénéficié le mois suivant les candidats hostiles au mouvement de mai[26].

Un nouveau référendum, pensait-il, devait ressourcer sa légitimité politique, la légitimité présidentielle. Pourvu qu'il fut victorieux, naturellement...

Si Edgar Faure considère que le référendum participe de la démocratie selon Jean-Jacques Rousseau, l'essentiel du personnel politique des années 60, issu de la IV° République et toujours en place au début de la République suivante, ne partage pas l'opinion du virtuose des deux Républiques. Pour beaucoup, la démocratie à moitié plébiscitaire du général de

---

[25] André Malraux parlera à ce propos de «suicide» et François Mauriac de «suicide en plein bonheur».
[26] Voir «Mai 68. La contestation s'impose, sauf dans les urnes» (p. 33).

Gaulle, tolérable pendant la guerre d'Algérie, devait s'achever avec la fin du conflit.

Parce qu'on ne discute pas la nécessité, surtout quand l'électorat y souscrit, les quatre premiers référendums donnèrent la majorité à de Gaulle. Outre l'aval de la Constitution dont le rejet massif de la République précédente assurait le succès, les deux référendums sur l'Algérie répondaient à l'attente de l'opinion. Au contraire, la désignation au suffrage universel du chef de l'État[27] en octobre 1962 n'avait pas l'adhésion de la classe politique qui tenta, sans succès, d'y opposer un « cartel des non ». Les échanges alors furent sévères, surtout avec le Président du Sénat, Gaston Monnerville, qui accusa carrément le Président de la République de « forfaiture ».

Le désaccord se manifesta moins sur la réforme régionale (on ne parlait pas alors de décentralisation), que sur la rénovation du Sénat qui heurtait nombre de dirigeants politiques, et d'abord les sénateurs, bien entendu. Après les événements de mai 1968 qui avaient révélé le fossé entre la jeunesse universitaire et les pesanteurs conservatrices de la Ve République après l'Algérie - « Dix ans, ça suffit », répétaient les défilés de mai- l'annonce du référendum du 27 avril mobilisa contre la réforme de l'assemblée du Luxembourg les éléments les plus traditionnels de la majorité, sans séduire à gauche.

En ajoutant à la régionalisation la métamorphose du Sénat avec lequel il avait, depuis le référendum de 1962, des comptes à régler, de Gaulle commit une erreur majeure. Une double question, comme le préconisait, par exemple, l'un des « barons » du gaullisme, Olivier Guichard, aurait sans doute permis au général de l'emporter encore une fois. Mais l'Élysée écarta cette solution.

---

[27] Voir «28 octobre 1962, Le Président des notables devient le président des citoyens » (p. 21).

Le « Père Joseph » de la réforme

Pour certaines d'ailleurs, les motivations du Président de la République en faveur de la réforme sénatoriale venaient de loin et s'inscrivaient dans des analyses largement antérieures. « Il faut que le conseil économique et social croisse et que le Sénat décroisse, c'est dans l'ordre des choses », confiait déjà de Gaulle à Alain Peyrefitte à l'issue du conseil des ministres du 4 septembre 1963. Avant d'expliquer à son interlocuteur : « Le Sénat tel qu'il est, j'ai été obligé de l'accepter dans le contexte de 1958 (…) mais les choses ont évolué ». Et le général concluait sur cette résolution : « Le Sénat, en tant que seconde assemblée politique, doit disparaître »[28]. En clair, depuis six ans au moins, de Gaulle voulait se débarrasser de ce qu'il appelait, avec une pointe de dédain, « l'assemblée du seigle et de la châtaigne ». Les polémiques de 1962 avec Gaston Monnerville ne l'avaient évidemment pas dissuadé.

Pour le conforter dans son dessein et lui donner forme, de Gaulle bénéficia des avis autorisés du ministre d'État du gouvernement Couve de Murville, Jean-Marcel Jeanneney. Professeur de droit, Jean-Marcel Jeanneney fut, pour le meilleur et pour le pire, « le Père Joseph » de la réforme du Sénat dont son père Jules Jeanneney avait été avant la guerre, le dernier président, avant de devenir le ministre du général de Gaulle après la Libération.

La réforme, la double réforme, le Président-fondateur de la Ve République la présenta le 2 février à Quimper au terme d'un voyage en Bretagne où l'accueil chaleureux de la dernière étape ne faisait pas oublier les cris hostiles de Rennes et de Brest. Outre l'exaltation de la Bretagne et des Bretons, de Gaulle n'hésita pas à citer (en breton) quatre vers de son oncle, le barde celte Charles de Gaulle (même nom, même prénom) avant de présenter le projet dont le conseil des ministres du 19 février devait fixer au 27 avril la date du référendum. «L'avènement de la région, cadre nouveau de l'initiative et de

---

[28] Alain Peyrefitte, *C'était de Gaulle*, tome III. Éditions de Fallois-Fayard, (p. 612-614).

l'action, pour ce qui touche localement la vie pratique de la nation, voilà la grande réforme que nous devons apporter à la France », souligna le général. Avant d'affirmer l'exigence conjointe d'une mutation du Sénat « afin qu'il associe dans la préparation des lois les mêmes sortes d'élus et les mêmes sortes de délégués avec leurs compétences et leurs responsabilités ».

Le projet de loi référendaire, définitivement adopté par le gouvernement le 24 mars et ramené alors de 74 à 68 articles (dont l'essentiel des textes d'application devait, en principe, intervenir dans les six mois de sa promulgation) pose la question suivante aux électeurs : « Approuvez-vous le projet de loi soumis au peuple français par le Président de la République et relatif à la création de régions et à la rénovation du Sénat ?»

Ses deux titres répondent à son double objet : le premier sur la réforme régionale (48 articles), le second sur la rénovation du Sénat (20 articles). Les 323 sénateurs dont le nombre était envisagé, élus pour six ans, devaient être choisis pour 160 d'entre eux par les collectivités territoriales de métropole, 7 par les départements d'outre-mer, 6 par les territoires d'outre-mer, 146 par les représentants des activités économiques, sociales et culturelles (dont 42 pour les salariés du public et du privé et 36 pour les entreprises), 4 postes allant aux Français de l'étranger. Si, selon le projet, le Sénat rénové restait membre du Parlement, il n'avait plus l'initiative de la loi réservée à l'Assemblée Nationale, mais donnait préalablement son avis.

Les 21 régions, compétentes, notamment, pour les équipements collectifs (sanitaires, sociaux, culturels), pour les investissements scolaires (des deux premiers degrés), les routes, les voies navigables, l'urbanisme devaient, selon J.M. Jeanneney, trouver le quart de leurs ressources dans la fiscalité et les trois quarts dans des subventions. Une proportion qui doit s'inverser progressivement, avait souhaité le ministre d'État.

Autre innovation importante qui s'inscrivait dans la même perspective, celle qui concerne l'intérim du chef de l'État, dévolu non plus au Président du Sénat, mais au Premier ministre. Et, à défaut, aux ministres, selon leur ordre de nomination par décret.

Dans la campagne référendaire, les partisans du « oui » allèrent de déception en désenchantement. Dès le début, enquêtes et sondages précisèrent que, si une majorité approuvait la régionalisation, la réforme du Sénat solidement installé dans le paysage politique depuis un siècle, n'obtenait pas la même adhésion. Simultanément, et malgré le triomphe des législatives de juin 1968 qui avaient donné aux gaullistes et à leurs alliés giscardiens une majorité massive au Palais-Bourbon, la lassitude à l'égard du gaullisme dont témoignait mai 1968 n'avait pas disparu.

Au niveau des notables politiques, les clivages traditionnels pouvaient laisser espérer à l'Élysée un vote positif, fut-il sans ampleur. La majorité parlementaire se mobilisait en faveur du « oui », la gauche défendait le « non », le centre se partageait.

Le ralliement progressif au vote négatif d'une forte majorité de personnalités centristes rendit le verdict des urnes plus aléatoire. Pour de Gaulle cependant, le coup le plus sévère ne vint pas de ses adversaires, mais de son propre camp, de Georges Pompidou. Outre son éviction de l'Hôtel Matignon au profit de Maurice Couve de Murville au lendemain de la victoire législative de juin 1968 qui lui devait beaucoup, l'ancien Premier ministre n'avait pas apprécié le silence du chef de l'État dans « l'affaire » Markovitch[29]. Un dîner à l'Élysée où le Président de la République et Yvonne de Gaulle avaient convié le couple Debré et le couple Pompidou consomma la rupture plus qu'il ne réconcilia le général avec le député du Cantal.

Entre temps, Georges Pompidou avait confié le 17 janvier à l'occasion d'un voyage à Rome que « si de Gaulle venait à se retirer, je me porterais candidat à sa succession (...). Ce n'est, je crois, un mystère pour personne que je serai candidat (...) mais

---

[29] Markovitch, un petit voyou yougoslave proche d'Alain Delon, assassiné (peut-être) par le truand corse François Marcantoni, qui faisait circuler des photos compromettantes où certains prétendaient reconnaître Claude Pompidou, l'épouse de l'ancien chef du gouvernement.

je ne suis pas pressé ». De Gaulle, à son tour, n'avait pas apprécié et un communiqué lapidaire de l'Élysée fit savoir « le devoir et l'intention » du général d'aller jusqu'au terme de son mandat. Sans empêcher l'ancien chef du gouvernement de récidiver à Genève le 13 février : « J'aurais peut-être, si Dieu le veut, un destin national, déclare-t-il. J'ai dit le premier que le général de Gaulle est à l'Élysée et que son mandat expire en 1972. Il n'y a donc pas de problème de succession. Cela étant, il y aura bien, un jour, une élection à la Présidence de la République ».

Bref, Georges Pompidou se plaçait en réserve de la République et prenait date.

Certes, dans la campagne, le candidat virtuel se montra d'une orthodoxie exemplaire. « Après avoir passé 25 ans auprès du Général de Gaulle, il serait inadmissible que je puisse le trahir à des fins personnelles », assure-t-il le 19 avril à Saint Flour, la circonscription du Cantal dont il est député. En même temps qu'il dénonce « les traîtres et ceux qui lâchent le combat, je n'en suis pas ». À Lyon, le 25 avril, l'ancien chef du gouvernement affirme encore : « Je voterai 'oui' sans hésitation et sans arrière-pensée ».

Il n'empêche : en annonçant que, le moment venu, il briguera la succession du général de Gaulle, son ex-Premier ministre prive le camp du « oui », de son argument privilégié en période référendaire. Cette crainte du vide, sinon du chaos, qu'agitaient régulièrement les gaullistes, au cas où le général devrait quitter le pouvoir.

D'un « oursin » auvergnat à l'autre

En vain, pour relancer la dramatisation de la consultation, Alexandre Sanguinetti et Jean Charbonnel tenteront-ils d'obtenir de Georges Pompidou un engagement de ne pas se présenter en cas d'échec au référendum.

Dans le même esprit, ministres et dignitaires gaullistes multiplient mises en garde et avertissements pour dissuader les hésitants de voter « non ». Maurice Couve de Murville adjure « d'éviter l'aventure qui résulterait du 'non' » et prédit, dans cette éventualité « une période difficile, peut-être une période de trouble ». Le « père » de la réforme, J.M. Jeanneney assure, lui, que « bien des Français mesurent mal quel ébranlement provoquerait la victoire du 'non', un ébranlement dont personne ne peut prévoir ce qui lui succéderait ». Le chantre du gaullisme, André Malraux, descend dans l'arène lui aussi pour affirmer à la foule militante rassemblée au Palais des Sports de Paris - et devant Georges Pompidou, qui l'applaudit - « qu'aucun gaulliste d'avant hier, d'hier ou de demain ne pourrait maintenir la France appuyé sur les 'non' qui auraient écarté de Gaulle ». Un avertissement ou une menace ?[30]

Le chaos, le déclin, la décadence, les grandes orgues gouvernementales jouent sans défaillance l'air le plus connu du gaullisme en campagne. Sans convaincre Valéry Giscard d'Estaing de s'associer à la partition.

L'écharde Pompidou n'est pas la seule épine dont vont souffrir de Gaulle et ses fidèles. Si presque tous les parlementaires UDR suivent le général[31], il en va autrement chez les Républicains Indépendants, les élus liés à Giscard. À l'instar de son collègue du Cantal, le député du Puy-de-Dôme vit mal son veuvage gouvernemental. Il s'attache à cultiver sa différence. Progressivement, mais de plus en plus nettement.

VGE commence à prendre ses distances dans deux articles publiés par « l'Aurore » et treize quotidiens de province sur le thème : « la France est devant la réforme comme quelqu'un à qui on a mis un oursin dans les doigts ». La réforme, précise-t-il, est « improvisée, insuffisante, mal bâtie et coûteuse » et « le

---

[30] Après l'élection, André Malraux confie d'ailleurs que, pour lui, «Pompidou n'est pas le successeur (du général), il en est l'usurpateur» (Jean Mauriac, *L'après de Gaulle*, 1969-1989, Fayard, p. 74).
[31] Deux parlementaires de l'UDR, l'Union des Démocrates pour la République, se déclarent officiellement pour le «non» : le député-maire de Cherbourg, le Dr Hébert, qui démissionne du groupe de l'Assemblée Nationale, et le sénateur du Doubs, Marcel Prelot, professeur de Droit public, qui est exclu du mouvement pour avoir dénoncé « le risque de pouvoir personnel ».

nouveau déséquilibre institutionnel (sera) lourd de dangers pour l'avenir ».

À dix jours du scrutin, Giscard va plus loin en observant que « ce référendum n'est pas un moyen d'engager l'avenir de la France. Ce n'est pas ainsi qu'elle doit être gouvernée (...). Avec regret, mais avec certitude, je ne l'approuverai pas (ce projet référendaire) ».

Trois jours avant le vote, l'ancien ministre des Finances enfonce le clou : « Je ne dis pas aux gens, votez 'non'. Je dis : « Ne votez pas 'oui' « Et pour ceux qui n'auraient pas compris : « Je laisse aux électeurs le choix de s'abstenir ou de voter 'non'. Quant à moi, permettez-moi de ne pas dire ce que je ferai personnellement ».

Les quatre ministres Républicains indépendants, Raymond Marcellin (Intérieur), Jean Chamant (Transports), André Bettencourt (Industrie) et Philippe Malaud (Fonction publique) peuvent bien répliquer que « M. Giscard d'Estaing n'engage que lui ». Le mal est fait, les parlementaires R.I. sont divisés, mais plutôt favorables au « oui », alors que les clubs « Perspectives et Réalités », de plus stricte observance giscardienne, inclinent à voter « non ».

Naturellement, la garde rapprochée de VGE, Michel Poniatowski en tête, le soutient fermement. Avant que, conformément à la tradition des modérés, le comité directeur des RI choisissent la liberté de vote…

En face, le front du refus, qui rassemble des opposants fort divers, voire opposés, s'emploie à persuader les électeurs que la République poursuivra sa route sans à-coup, quel que soit le résultat du référendum. « Ce ne sera pas le chaos si le non l'emporte », promet Jacques Duhamel, le président du groupe centriste « Progrès et Démocratie Moderne » de l'Assemblée. Bonhomme, le communiste Jacques Duclos se contente d'observer « qu'il n'y a pas d'homme irremplaçable ».

Alain Poher, à qui sa qualité de président du Sénat menacé, octroie un rôle surdimensionné (avant de faire de lui un président de la République intérimaire, puis le candidat des centristes à l'Élysée contre Georges Pompidou) renvoie la balle chez les gaullistes lorsqu'il se demande « si voter 'oui' ce ne serait pas donner les pleins pouvoirs à un inconnu ». Dans le même esprit, l'ancien candidat à l'Élysée Jean Lecanuet prétend que « le 'oui', c'est le bouleversement des institutions, c'est la crise. Le 'non', c'est la voie du renouveau ».

Plus militant, Mendès-France votera « 'non' contre les pseudo-réformes » et François Mitterrand, toujours à l'index de la gauche non-communiste depuis mai 1968 (mais dont les meetings sont très suivis), dénonce « la pression plébiscitaire ». Sans négliger de critiquer « l'alliance contre-nature » socialiste-centriste et de plaider pour l'union de la gauche. Demain sera un autre jour.

Les syndicats également montent en ligne. La CGT, le Syndicat National des Instituteurs, la Fédération de l'Éducation Nationale déclinent leur rejet. Même le dirigeant de Force Ouvrière, André Bergeron, à l'ordinaire éloigné des joutes politiques et électorales, s'inquiète au nom de l'indépendance syndicale, du rôle que le projet gouvernemental réserve aux organisations professionnelles dans les futures régions et au sein d'un Sénat rénové.

Les plus incisifs dans leur vote sont sans doute les rapatriés d'Algérie et les hommes politiques qui se sont engagés aux côtés des pieds-noirs dans la défense de l'Algérie française, Georges Bidault et Jacques Soustelle, par exemple. « Rapatrié, souviens-toi des accords d'Évian », titre « France-Horizon », l'organe de l'Anfanoma que préside le colonel Battesti[32]. Sept ans déjà. Les souvenirs de l'Algérie s'invitent à l'échéance du 27 avril et ce n'est pas pour partager les options de l'Élysée.

Au delà du référendum, de ses controverses et de ses résultats, un autre mobile aura motivé la désaffection des Français à l'égard du général de Gaulle. « La seule, la vraie raison de la mise en minorité du général », diagnostique un observateur qualifié du gaullisme au pouvoir, « c'est (...) que les Français ne voulaient plus de lui. C'est qu'une lassitude se

---

[32] ANFANOMA, Association Nationale des Français d'Afrique du Nord et de leurs Amis.

manifestait sur le thème de mai : 'Dix ans c'est assez' (...). Le crédit du général était épuisé, voilà le vrai !»
Le ressort était cassé.
Cette analyse est d'un expert, Maurice Couve de Murville[33].

---

[33] Jean Lacouture, *De Gaulle. 3, le souverain*, Le Seuil, (p. 755).

CHAPITRE 5

11-13 juin 1971
LES SOCIALISTES ENTAMENT À ÉPINAY
LEUR LONGUE MARCHE VERS LE POUVOIR

Avec 1905 qui vit se rassembler dans la SFIO[34] les familles jusqu'ici dispersées du socialisme (celles que symbolisent Jean Jaurès et Jules Guesde, en particulier) et avec 1936 où la victoire électorale du Front populaire porta, pour la première fois, un socialiste, Léon Blum, à la tête du gouvernement, 1971 est une des trois années phare du socialisme à la française du siècle précédent.

À Épinay se regroupe sous l'autorité de François Mitterrand, l'essentiel du socialisme organisé (à l'exception notable du PSU, alors dirigé par Michel Rocard). Même s'il faudra attendre une décennie avant que, le 10 mai 1981, la gauche s'installe à l'Élysée et, dans la foulée, conquiert la majorité à l'Assemblée Nationale, « le congrès d'unification des socialistes » - selon l'appellation que revendiquent les assises des 11-12 et 13 juin- marque la première étape dans la longue marche du socialisme vers le pouvoir sous la Ve République,

Au sein de la gauche, le mérite singulier de François Mitterrand aura été de comprendre (le premier et, longtemps, le seul) que l'élection du Président de la République au suffrage universel voulue par le général de Gaulle pouvait (et, par conséquent, devait) jouer en sa faveur. L'expérience de 1965, celle de sa première candidature à la tête de l'État, avait été,

---

[34] SFIO, Section Française de l'Internationale Ouvrière, la deuxième Internationale, à laquelle appartient le PS d'Épinay, et dont Pierre Mauroy fut président pendant plusieurs années.

pour le député de la Nièvre, décisive. Là où les principaux dirigeants de la gauche, le socialiste Guy Mollet et le communiste Waldeck Rochet, cherchaient d'abord à échapper à une épreuve politique dont ils estimaient l'un comme l'autre que le général de Gaulle sortirait aisément vainqueur, François Mitterrand avait su tirer parti de sa faiblesse pour s'imposer. Sans troupes depuis toujours, éprouvé par « l'affaire » de l'Observatoire[35], tenu à l'écart par le PSU[36], il avait conservé de son lointain cousinage avec l'Action Française cette maxime de Charles Maurras, « utiliser sa faiblesse pour faire de la force ».

Avec 32,23 % des suffrages au premier tour, le 5 décembre 1965 (et 45,49 % au second tour le 19 décembre), François Mitterrand était devenu en dehors des appareils dominants l'adversaire privilégié du gaullisme et de son chef. Parallèlement, de sa campagne menée avec un quarteron de proches et les minces cohortes de l'UDSR[37], le challenger du général était sorti convaincu que la conquête de l'Élysée impliquait l'appui d'une structure militante forte, de nature à relayer partout dans l'opinion le message du candidat dont la campagne officielle ne pouvait être qu'un tremplin. Essentiel, mais insuffisant.

Depuis le Front populaire, une telle formation faisait défaut à la gauche non communiste. Ainsi, l'appelait-on alors et c'était un signe, celui de son déclin sous la IVe République et les gouvernements dits de « troisième force ». La SFIO avait des ministres (et même des Présidents du conseil), des dizaines de parlementaires, députés et sénateurs, des mairies importantes, celles de Marseille et de Toulouse notamment[38], des notables

---

[35] François Mitterrand, piégé par l'ancien député poujadiste Robert Pesquet, s'était prêté en 1959 à un vrai-faux attentat dans les jardins de l'Observatoire de Paris.
[36] Le PSU, Parti Socialiste Unifié, refusa son adhésion à deux reprises. Avec ce jugement d'Alain Savary, « Pas de franciscain chez nous », allusion au passé vichyssois de François Mitterrand, décoré de la francisque.
[37] L'UDSR, l'Union Démocratique et Socialiste de la Résistance, un petit parti charnière créé au lendemain de la guerre par des militants qui ne voulaient rejoindre ni la SFIO ni les radicaux, et dont François Mitterrand et René Pleven se disputaient le leadership sous la IVe République.
[38] Deux mairies qui, depuis, ont l'une et l'autre basculé à droite. Avant que celle de Toulouse ne retourne au PS en mars 2008.

partout. Elle pouvait peupler les administrations et les sinécures en France et Outre-mer, mais les jeunes la désertaient et ses appuis syndicaux -à Force ouvrière et à la Fédération de l'Éducation Nationale, principalement- étaient fragiles.

En comptant large, le parti de Guy Mollet devenu celui d'Alain Savary ne recensait guère que 70 000 adhérents dont les Bouches-du-Rhône (avec Gaston Defferre), le Nord (avec Augustin Laurent et Pierre Mauroy) et le Pas-de-Calais (avec Guy Mollet) revendiquaient une petite moitié (y compris les fausses cartes, dont Gaston Defferre n'avait pas le monopole, mais, plus que tout autre, le privilège…)

Restait à la SFIO un robuste corps de bataille, les quelque 20 000 maires, conseillers généraux, conseillers municipaux qu'elle faisait élire à travers la France, et sur lequel les communistes, les gaullistes (et, accessoirement, le PSU) se cassèrent successivement les dents.

Le gaullisme n'avait rien arrangé et la scission de 1958, qui avait donné naissance au Parti Socialiste Autonome, puis au PSU, avait poursuivi la dispersion. Daniel Mayer, alors Président de la Ligue des droits de l'Homme, avait réussi l'année suivante à regrouper dans une éphémère Union des Forces Démocratiques, le PSA d'Édouard Depreux (rallié bientôt par Pierre Mendès-France), l'Union de la Gauche Socialiste de Claude Bourdet et de Gilles Martinet et l'UDSR de François Mitterrand. Avec la fusion du PSA et de l'UGS - mais sans l'UDSR - l'entreprise aboutit en 1960 à la naissance du PSU qui s'abîma dans des querelles de tendances où son crédit de la guerre d'Algérie ne résista pas.

Rejeté par le PSU qui se souvenait de l'Observatoire, en concurrence avec Mendès-France dans les petits cercles de la gauche antigaulliste, suspect à Guy Mollet qui n'excluait pas de soutenir Antoine Pinay s'il entrait en lice contre de Gaulle, François Mitterrand avait posé à sa candidature à l'Élysée de 1965 une triple condition : l'aval de Mendès-France, l'appui de la SFIO, le ralliement des communistes. Il eut les trois. Mendès lui apporta une caution, sinon des troupes. Guy Mollet le jugeait assez isolé pour ne pas lui refuser une candidature vouée à l'échec (et qui le débarrassait par ailleurs de son vieil adversaire, Daniel Mayer, que voulait soutenir le PSU). Quant aux communistes, persuadés eux aussi que de Gaulle serait réélu sans difficultés à l'Élysée et peu soucieux de s'engager dans un scrutin où ils n'avaient rien à gagner, ils se résignèrent à une candidature qui les délivrait d'un risque - en jetant, but suprême, les bases de futures retrouvailles avec les socialistes qui n'en voulaient pas.

Les socialistes unifiés eux-mêmes (sans candidat depuis le forfait de Daniel Mayer) finirent à l'issue d'un conseil national agité sur un raccourci où le parti entérinait la candidature de François Mitterrand en déclinant les raisons de la refuser.

Si le ballottage du général de Gaulle le 5 décembre 1965 devait davantage aux 16 % du centriste Jean Lecanuet qu'au score obtenu par François Mitterrand (32,23 %), il désignait le député de la Nièvre comme le contestataire n° 1 du gaullisme jusqu'ici triomphant. Et aussi comme le leader de la gauche pour la première fois unie depuis la rupture gouvernementale de la guerre froide de mai 1947, où le socialiste Paul Ramadier avait révoqué ses ministres communistes.

Le fédérateur des opposants

Prompt à exploiter l'avantage, devenu président d'une Fédération de la Gauche Démocrate et Socialiste qui rassemblait les socialistes de Guy Mollet, les radicaux de René Billères et ses propres partisans de la Convention des Institutions Républicaines soutenu depuis les législatives de mars 1967 par un quarteron de députés proches de lui, François Mitterrand sombra dans la tourmente de mai 68. Étranger à la révolte étudiante que comprenait mieux Mendès-France, une déclaration de candidature à l'Élysée à contre-temps l'isola au sein de la gauche non communiste jusqu'à l'enfermer dans un isolement où Guy Mollet n'était pas fâché de le ghettoïser.

Escorté de rares fidèles, mais critique tenace de la Ve République et de son président, François Mitterrand retrouva le rôle de vigie solitaire que lui avaient réservé les débuts du gaullisme. Isolé parmi les siens, avec une FGDS considérablement affaiblie aux législatives de juin 1968 (57 députés contre 118 en mars 1967), François Mitterrand dut se résigner à siéger parmi les députés non-inscrits. Sans que la Fédération qu'il avait créée songe à lui octroyer quelques minutes d'antenne dans la campagne télévisée sur le référendum du 27 avril 1969...[39]

Le retour définitif du général à Colombey souligna d'ailleurs l'isolement de François Mitterrand. L'ancien candidat de la gauche dut renoncer pour l'élection présidentielle des 1er et 15 juin 1969 où Georges Pompidou triompha facilement au second tour du centriste Alain Poher (57,58 % contre 42,41 %). La gauche non-communiste, elle, avait rendez-vous avec la catastrophe : si le communiste Jacques Duclos obtint 21,5 % des suffrages le 1er juin, le tandem Defferre/Mendès franchit à peine la barre des 5 % tandis que le candidat du PSU, Michel Rocard, devait se contenter de 3,66 % des voix.

Jamais depuis la guerre, les socialistes des diverses tendances n'avaient atteint pareil étiage. Ce fut la chance de François Mitterrand qui trouva dans cet échec sans précédent une nouvelle opportunité pour affirmer son leadership à gauche. Celle dont mai 68 l'avait dépouillé, et concrètement l'occasion de créer la formation dont la campagne de 1965 lui avait souligné l'exigence.

Si la politique peut être, comme la guerre, un art d'exécution, alors le congrès d'Épinay fut une guerre où François Mitterrand confirma ses dons de stratège. Jamais, peut-être, l'ancien candidat de la gauche unie ne s'investit autant dans une opération politique dont il s'employa à maîtriser tous les termes. Habile à rassembler ceux que Guy Mollet et les siens avaient tenus ou tenaient à l'écart, il s'attacha le soutien de Gaston

---

[39] Voir «27 avril 1969, Les Français prennent congé du général de Gaulle» (p. 45).

Defferre, rival traditionnel du député d'Arras qui avait saboté ses tentatives d'alliance au centre avec Jean Lecanuet et Jacques Duhamel dans la « Grande Fédération ». Mais aussi l'appui de Pierre Mauroy, longtemps considéré comme l'héritier présomptif de Guy Mollet à la tête de la SFIO, mais à qui l'ancien Président du Conseil de la IVe République avait finalement préféré Alain Savary[40].

Avec Gaston Defferre, c'était la Fédération des Bouches du Rhône, la plus nombreuse du parti (11 500 adhérents, plus de 15 % de la SFIO) qui tombait dans l'escarcelle de François Mitterrand. Avec Pierre Mauroy, il espérait le concours de la fédération du Nord (10 500 membres, 15 % de la SFIO), gouvernée par le maire de Lille, Augustin Laurent.

Deux ans de négociations, officielles ou non, de rencontres en tous genres, de renversements des alliances, voire de vrais complots où s'impliquèrent les futurs protagonistes des assises d'Épinay, pour recenser leurs troupes et contenir l'adversaire, précédèrent les assises de juin 1971. Après le loupé d'Alfortville et de Saint-Gratien (mai 1968) où les conventionnels de François Mitterrand et les socialistes firent bande à part, le congrès extraordinaire de Puteaux (décembre 1968) porta en terre la SFIO de Jean Jaurès et Jules Guesde, soixante trois ans après sa fondation. Avant qu'un autre congrès à Issy les Moulineaux (juillet 1969) dessine les lignes de partage d'Épinay en élisant 1er Secrétaire - à une voix de majorité au Comité directeur- Alain Savary contre Pierre Mauroy. Au grand dam du dirigeant du Nord et ex-héritier naturel de Guy Mollet qui, dès lors, sera convaincu de « jouer » la carte François Mitterrand.

Le reste appartient aux débats internes de la « délégation nationale pour l'unité des socialistes », présidée par la future

---

[40] Alain Savary, jeune officier de marine tôt rallié à la «France libre», compagnon de la libération, secrétaire d'État aux Affaires tunisiennes et marocaines dans le gouvernement Guy Mollet, dont il avait démissionné en octobre 1956 au moment de l'arraisonnement de l'avion du sultan Mohamed V qui transportait les dirigeants du FLN (dont Ben Bella). François Mitterrand, Garde des Sceaux, était resté au gouvernement.

ministre de 1981, Nicole Questiaux, qui tombera d'accord sur une base forfaitaire d'adhérents : 70 000 pour les socialistes, 10 000 pour la CIR, la Convention des Institutions Républicaines (autrement dit, les mitterrandistes), sans compter les nouveaux adhérents. Des chiffres qui furent discutés, et en particulier les 10 000 adhérents reconnus aux mitterrandistes. « Si nous accordions à la convention les 3000 membres qu'elle avait réellement, nous donnions l'impression de faire la fusion avec nous-mêmes », expliquait Alain Savary peu après Épinay[41]. Avant d'ajouter : «Claude Fuzier[42] n'en doutait pas, Mitterrand resterait minoritaire ».

Malheureusement pour Alain Savary, qui avait abandonné aux dirigeants molletistes le récolement des mandats, ce pronostic se révéla inexact. Concéder 10000 militants à la CIR, c'était assez pour persuader que l'ex-SFIO n'était pas seule à Épinay, mais c'était trop pour garder le contrôle du congrès.

Depuis qu'en 1946 contre Daniel Mayer (et Léon Blum), Guy Mollet avait pris la tête de la SFIO, le gouvernement du parti devenu officiellement celui d'Alain Savary reposait sur l'accord des fédérations du Nord (Augustin Laurent) et du Pas de Calais (Guy Mollet lui-même) qui, à elles seules, représentaient le tiers des adhérents, contre celle des Bouches du Rhône (Gaston Defferre) qui en totalisait quelque 15 %. Avec l'appoint de quelques fédérations de moindre importance (la Haute-Garonne et l'Aude, par exemple), Guy Mollet était régulièrement majoritaire.

Ce jeu ordinaire, François Mitterrand en renversa la logique en ralliant l'ensemble des opposants à Guy Mollet et à son successeur. Pour ratisser plus large, les partisans de François Mitterrand se comptèrent sur deux motions : l'une dite des Bouches-du-Nord qui, avec Gaston Defferre (Bouches-du-Rhône) et Pierre Mauroy (Nord), rassemblait essentiellement

---

[41] Confidence d'Alain Savary à l'auteur.
[42] Claude Fuzier, l'homme-lige de Guy Mollet et, avec le secrétaire à l'organisation Ernest Cazelles, le « patron » de l'appareil du PS avant Épinay.

des anciens de la SFIO hostiles à la direction du PS, l'autre animée par Louis Mermaz (ex-UDSR et fidèle de toujours du député de la Nièvre) et Robert Pontillon (un proche de Pierre Mauroy) s'adressait en priorité aux mitterrandistes de stricte obédience.

Parallèlement, de discrets contacts préparaient l'assentiment du CERES de Jean-Pierre Chevènement dont l'appoint allait être décisif[43].

Le sort du congrès fut scellé quand « le pape » (ou, au moins, l'icone) du socialisme nordiste Augustin Laurent quitta le congrès d'Épinay pour rentrer à Lille, après avoir donné le feu vert à Mauroy, devenu son premier adjoint à la mairie trois mois auparavant : « Pierre, je te laisse les mandats de la Fédération ».

Mitterrand, dès lors, avait gagné.

Un socialisme de rupture

Si Guy Mollet fournissait à Alain Savary ses gros bataillons, réduire l'ancien ministre au rôle de prête-nom du député du Pas-de-Calais, ne serait pas seulement malveillant, mais inexact. Alain Savary mesurait, pour l'image de renouveau qu'il voulait donner au socialisme, l'inconvénient d'une identification avec celui qui incarnait une période où, avec la guerre froide et les guerres coloniales, le socialisme avait renoncé à beaucoup de ses idéaux. Pour l'opinion - et l'opinion de gauche d'abord- Guy Mollet était et demeurait l'homme de la guerre d'Algérie, de l'expédition de Suez, celui qui, après avoir promis de mourir à la tête de « ses » mineurs du Pas-de-Calais en mai 1958, avait siégé comme ministre d'État aux côtés du général de Gaulle…

Pour compenser ce handicap, Alain Savary avait commencé à s'entourer d'une pléiade de jeunes socialistes de qualité, dont Jean-Pierre Cot, le fils de l'ancien ministre radical du Front populaire, était l'un des plus talentueux. En même temps, un

---

[43] Le CERES, Centre d'Étude, de Recherche et d'Éducation Socialiste, tenu sur les fonts baptismaux par Guy Mollet en 1962 et dirigé par trois énarques, Jean-Pierre Chevènement, Didier Motchane et Alain Gomez, le futur patron de Thomson-CSF.

rajeunissement des cadres débarrassait dans les départements les directions fédérales de militants souvent méritants, mais en place depuis la guerre, sinon avant. Comme à la Convention de François Mitterrand, se formait et s'installait une nouvelle génération de responsables dont la victoire présidentielle, puis législative de 1981, allait signifier l'arrivée aux « affaires ».

Alain Savary rallia également d'autres militants plus anciens comme Pierre Bérégovoy qui fut longtemps « le syndicaliste» de Mendès-France. Une étape dans un parcours où, après un échec aux législatives de 1973 à Brive et de 1978 à Maubeuge (où Pierre Mauroy l'avait installé), Pierre Bérégovoy se rallia à François Mitterrand au congrès de Metz (avril 1979) contre le tandem Rocard-Mauroy. Avant de poursuivre sa carrière à l'Élysée (comme secrétaire général), dans la Nièvre (comme député-maire de Nevers) et au gouvernement (comme ministre des Affaires sociales, « Grand argentier» et Premier ministre). Jusqu'au dénouement tragique que l'on sait.

Deux autres tendances complétaient la distribution des cartes à Épinay. Le courant de Jean Poperen, issu des clubs que l'ancien militant communiste avait créés après son exclusion du PSU par Michel Rocard et qui soutenait Alain Savary. Au contraire, le CERES, qui faisait ses premières armes à la tête de la fédération de Paris, inclinait en faveur de la troïka Mitterrand-Defferre-Mauroy.

Avant même le début du congrès, la répartition des mandats dans les fédérations laissait prévoir un résultat douteux. Le vote indicatif le confirmait : 30.400 voix et une majorité relative pour la motion Savary Mollet (34%), suivie par celle des Bouches du Rhône et du Nord (25 900 voix et 29 %), avant le duo Mermaz-Pontillon (14 400 voix et 16 %), le texte Poperen (10 900 voix et 12 %) et celui du CERES, (7 800 voix et 8,5 %). Le reste (0,5%) allait au groupe « Vie Nouvelle-Objectif 72 » de l'ex-ministre MRP (et l'un des négociateurs des accords d'Évian) Robert Buron. Un congrès ouvert donc, où François Mitterrand se révéla le plus roué pour enlever la majorité.

Tard venu à la gauche, étranger aux us et coutumes du socialisme en congrès, François Mitterrand sut mettre les délégués de son côté en leur affirmant tout de go que « la Révolution, c'est la rupture » et en précisant que « ceux qui ne veulent pas de la rupture (avec le capitalisme) n'ont pas leur place (au parti d'Épinay) ». Le député de la Nièvre n'avait pas oublié la leçon de Guy Mollet pour qui -il avait appliqué la recette pour évincer Daniel Mayer en 1946- « le PS se prend toujours par la gauche ». Face à un Mollet en petite forme et à un Savary étrangement silencieux, le futur chef de l'État prononça à Épinay l'un des meilleurs discours d'une carrière politique qui n'en manque pas.

Au delà de la salle, François Mitterrand tenait aux militants le langage que, chassés du pouvoir depuis presque quinze ans, traumatisés encore par la guerre d'Algérie, ils souhaitaient entendre. Pour les jeunes, celui de l'avenir ; pour ceux qui l'étaient moins, celui où l'avenir s'identifierait à leur jeunesse, 1936, le Front populaire, la Résistance.

Quant aux enjeux proprement politiques des assises, ils réunissaient la très grande majorité des congressistes sur la nécessité d'une union de la gauche avec les communistes. À cette différence près que, là où Savary-Mollet posaient des préalables idéologiques à l'union, François Mitterrand en écartait le mirage au bénéfice d'initiatives concrètes.

À l'issue de la commission des résolutions où, ultime habileté, le député de la Nièvre avait accepté, pour mieux convaincre le CERES, de prendre sa motion comme base de discussion, les 85 683 votes exprimés donneraient une faible majorité de 43 926 suffrages aux socialistes regroupés derrière François Mitterrand, Gaston Defferre et Pierre Mauroy auxquels s'était joint le CERES (à elles seules, les fédérations des Bouches du Rhône et du Nord en représentaient presque la moitié). Avec 41 757 voix, la minorité rassemblait les partisans d'Alain Savary, Guy Mollet et Jean Poperen (dont plus du tiers venait de trois fédérations, le Pas de Calais, la Haute Garonne et l'Aude). S'ajoutaient 3 925 abstentions, issues pour beaucoup des militants qui, avec le député de la Creuse André Chandernagor, se réclamaient ouvertement du réformisme, dont la sociale-démocratie allemande avait jeté les bases douze ans plus tôt à son congrès de Bad-Godesberg.

Dans « l'appel au peuple français » approuvé unanimement par les délégués le PS revendique le pouvoir « pour réaliser les réformes fondamentales qui permettent d'entreprendre la construction d'une société socialiste » en soulignant que cet objectif requiert « l'union de toute la gauche et, d'abord, des organisations qui expriment les aspirations des travailleurs ».

Les deux motions en concurrence précisent, chacune à leur façon, les voies et les moyens de cette politique. « Le dialogue avec le parti communiste ne doit pas être mené à partir des thèmes imprécis d'un débat idéologique (mais sur) les problèmes concrets d'un gouvernement ayant mission d'amorcer la transformation sociale de la société », réclame le texte majoritaire qui prévoit la préparation par les socialistes d'un programme de gouvernement en mars 1972.

Plus réservé à l'égard des communistes, la minorité souligne que « le dialogue avec le PC (…) a pour but de créer les garanties nécessaires pour l'ouverture de la discussion d'un programme de gouvernement » et se prononce pour l'élaboration d'un projet par le PS « dans les prochains mois ».

Il faudra un an encore avant cette autre nuit de juin 1972 pour qu'à l'issue de sept heures de discussions soit signé entre socialistes et communistes le programme de gouvernement qui allait changer la politique française des décennies durant[44]. Un an de rencontres et de débats, de controverses aussi, pour que François Mitterrand et Georges Marchais puissent exalter ensemble les retrouvailles officielles de la gauche, trente six ans après 1936 et la victoire du Front populaire.

---

[44] Le MRG, Mouvement des Radicaux de Gauche, issu d'une scission du parti de la Place de Valois et conduit par le député de l'Aveyron, Robert Fabre, signa le programme commun le mois suivant.

Une nouvelle page serait tournée avant celle qui allait suivre, neuf ans plus tard, avec l'élection de François Mitterrand à la Présidence de la République le 10 mai 1981.

Mais le départ avait été donné aux assises d'Épinay, une décennie plus tôt.

CHAPITRE 6

1972-1981

L'UNION DE LA GAUCHE EST UN COMBAT

Aurore du 27 juin 1972, François Mitterrand et Georges Marchais présentent au siège du PCF place du Colonel Fabien le programme commun de gouvernement auquel sont parvenus après plus de six heures de discussion les négociateurs des deux partis de gauche. Programme commun, programme complet qui ambitionne de n'ignorer aucun domaine de l'action gouvernementale et de régler par anticipation les litiges toujours possibles.

En tout, 150 feuillets qui développent les choix et les revendications socialistes et communistes regroupés en quatre chapitres, vivre mieux et changer la vie, démocratiser l'économie, démocratiser les institutions, contribuer à la paix et développer la coopération internationale. Approuvé solennellement par des conventions des deux formations le 9 juillet, le programme commun aura été signé deux jours auparavant par les radicaux qui, avec Robert Fabre et Maurice Faure, viennent de rompre avec le parti de Jean-Jacques Servan-Schreiber pour créer le MRG, le Mouvement des Radicaux de Gauche.

Cet accord de gouvernement préparé par des experts depuis plusieurs mois dessine les ambitions, fixe les objectifs, définit les méthodes qui seraient ceux de la gauche au pouvoir pendant cinq ans puisque le programme commun est prévu pour la durée d'une législature.

Pour **vivre mieux et changer la vie**, domaine qui englobe notamment les salaires, la santé, l'éducation nationale, les loisirs, la culture et le travail, l'accord a été globalement facile sur un salaire minimum mensuel, la retraite à 60 ans, la semaine de travail de 40 heures effective, la revalorisation des allocations familiales et d'autres prestations sociales, la formation permanente, la réforme du statut du fermage, l'intégration de l'école privée dans l'enseignement public (dont les associés du programme de gouvernement n'imaginent pas, apparemment, qu'elle puisse conduire la gauche à sa plus grave crise politique)[45].

Pour **démocratiser l'économie**, le contrat de gouvernement prévoit :

* la nationalisation de l'ensemble du **secteur bancaire et financier**, y compris les grandes compagnies d'assurances privées (à l'exception des « véritables mutuelles »).

* la nationalisation de **branches entières** de l'économie : ressources du sous-sol, armement, industrie nucléaire, industrie pharmaceutique, industries aéronautiques et spatiales.

* la nationalisation de la plus grande partie de l'industrie électronique et de l'industrie chimique.

« Dès l'installation » de la gauche au pouvoir, précise le programme commun, la nationalisation portera sur neuf groupes : Dassault, Roussel-Uclaf, Rhône-Poulenc, ITT France, Thomson Brandt, Honeywell-Bull, Pechiney-Ugine-Khulmann, Saint Gobain – Pont à Mousson, Compagnie Générale d'Electricité.

* des **prises de participation**, éventuellement majoritaires, concernant la sidérurgie et le pétrole. Concrètement six groupes sont visés : Compagnie française des pétroles, CFR-Total, Schneider, Usinor, Vallourec, Wendel-Sidelor.

Les chiffres d'affaires de ces groupes s'échelonnent jusqu'à 12 et 13 milliards de francs et ils emploient, pour certains, plus de 100 000 salariés.

Les socialistes auraient préféré définir des critères de nationalisation alors que les communistes demandaient la nationalisation de 25 pôles dominants. L'accord s'est fait à mi-chemin : les communistes renoncent à celle de l'automobile, les

---

[45] Voir « 1984-1994. La guerre scolaire met les Français dans la rue » (p. 141).

socialistes acceptent celle de l'industrie chimique et pharmaceutique, les uns et les autres laissant de côté la question des filiales qui sera déterminante dans leur rupture de 1977.

Concernant la **démocratisation des institutions**, le programme commun prévoit un contrat de législature, l'abrogation de l'article 16 de la Constitution qui permet au président de la République de s'octroyer des pouvoirs exceptionnels et un encadrement strict des prérogatives du chef de l'État.

Pour **contribuer à la paix et développer la coopération internationale**, socialistes et communistes renoncent pour cinq ans à la force de frappe « sous quelque forme que ce soit » et condamnent la politique des blocs, en précisant que la France reste dans l'alliance atlantique, mais ne réintègre pas l'OTAN (d'où de Gaulle a fait sortir la France en 1966). En Europe, la France pourra nouer des alliances défensives, signer des traités de non-agression et participer à un système collectif de sécurité. Pas de rupture dans la construction européenne : le programme commun se propose néanmoins de « libérer l'Europe de l'emprise du capitalisme ».

À la base de ce programme, une volonté partagée par l'ensemble de la gauche, exorciser la malédiction qui l'écarte du pouvoir depuis les débuts de la guerre froide et que résume cet adage : « La gauche ne peut rien faire sans les communistes, mais elle ne peut rien faire avec les communistes ».

Au-delà du long catalogue élaboré par les socialistes et les communistes, l'essentiel du programme commun s'inscrit dans la démarche du gouverner ensemble qui s'affirme, désormais, au sein de la gauche.

Cette volonté politique, les communistes y sont acquis depuis que la mort de Staline n'exclut plus tout à fait un rapprochement avec leurs frères ennemis de la social-démocratie. Ils y sont d'autant plus enclins qu'en dehors du splendide isolement la réalité politique ne leur offre aucune solution de rechange. Quant au PS, longtemps hostile à un rapprochement avec les communistes, il a décidé à son congrès d'Épinay de juin 1971, d'explorer les voies et moyens de l'union de la gauche pour combattre le gaullisme[46].

Le programme commun n'en reste pas moins une première, une première sans précédent. Jamais depuis la scission de Tours (décembre 1920), socialistes et communistes n'étaient allés aussi loin. Avant la guerre, leur « pacte d'unité d'action » (27 juillet 1934) demeurait essentiellement défensif contre « le danger que représente le fascisme pour la population laborieuse ». Signé l'année suivante, le programme du Front populaire s'assignait trois objectifs : la liberté, la paix, le travail, mais sans trop changer la vie. Exemple : une mesure jugée par la suite emblématique du Front populaire comme les congés payés ne fut adoptée que sous la pression des grévistes de juin 36 Elle ne figurait pas à son programme.

Quant au programme du CNR, le Conseil National de la Résistance, il s'abîma très vite dans les controverses de l'après-Libération.

Une volonté politique

Pour sortir du ghetto où la guerre froide les a enfermés pendant un quart de siècle, les communistes n'ont pas ménagé les concessions. Pour la première fois, ils admettent franchement l'alternance au pouvoir. Le programme commun le dit expressément : « si la confiance du pays était refusée aux partis de la majorité, ils renonceraient au pouvoir pour reprendre la lutte dans l'opposition ». De même, le contrat de législature, qui prévoit la dissolution de l'assemblée en cas de rupture, écarte une automaticité stricte en interdisant à l'un ou l'autre des partenaires le chantage d'un retour prématuré devant les électeurs. Par ailleurs, la renonciation à la force de frappe pendant cinq ans garde le silence sur les stocks nucléaires existants (dont les communistes admettent donc qu'ils ne seront pas détruits).

---

[46] Voir « 11-13 juin 1971. Les socialistes entament à Épinay leur longue marche vers le pouvoir ». (p. 57).

Contre le programme commun et l'union de la gauche, la droite se déchaîne. Elle envisage et décrit le pire. Pour le pays qui serait conduit à la catastrophe et au chaos si la gauche devait gouverner, pour les socialistes eux-mêmes qui deviendraient nécessairement les otages de leurs puissants partenaires, avant d'en être les victimes. François Mitterrand, promis au rôle de Kerenski en Russie, et les autres leaders du PS se verraient réserver un sort analogue à leurs homologues des démocraties populaires, au mieux réduits au silence quand ils ne prendraient pas le chemin du goulag.

Ces craintes ne s'expriment pas seulement à droite.

François Mitterrand, à peine paraphé le programme commun, s'explique à Vienne (Autriche) devant ses pairs de la IIe Internationale dont beaucoup sont surpris et, pour certains, inquiets. « Notre objectif est de refaire un grand parti socialiste sur le terrain occupé par le parti communiste », souligne le n° 1 du PS en évoquant un mariage sous le régime de la séparation de biens ...

Concrètement, François Mitterrand estime que « sur les cinq millions d'électeurs communistes, trois millions pourraient voter socialiste ».

Le vieux socialiste italien Pietro Nenni rappelle avec la voix de l'expérience : « J'ai été une fois excommunié pour de telles choses ». François Mitterrand ne l'est pas, mais nombre de dirigeants socialistes européens n'en sont pas moins sceptiques, et se réservent un droit d'inventaire.

De son côté, on l'apprendra plus tard, Georges Marchais, tout en refusant de faire confiance aux socialistes, considère devant le comité central de son parti que le programme commun, loin de constituer « un seuil maximum » comme le pense le PS, engage la France dans « une étape démocratique nouvelle ouvrant la voie au socialisme ». Au socialisme, au sens où l'entendent les communistes, sur le modèle soviétique.

À l'opposé, les perspectives des deux principaux leaders de la gauche illustrent la contradiction essentielle que recèle le programme commun. Pour arriver au pouvoir, l'union de la gauche implique une influence électorale du PS assez forte pour entraîner cette partie de l'électorat flottant sans laquelle la victoire dans les urnes se dérobera toujours.

En même temps, l'union ne peut s'affirmer durablement que si socialistes et communistes demeurent dans un rapport de forces qui n'avantage clairement ni les uns, ni les autres. À la séparation de biens dont parle François Mitterrand à Vienne, on peut objecter que socialistes et communistes optent plutôt pour un mariage réduit aux acquêts dont chacun espère s'adjuger la meilleure part. Quand l'un estimera que les acquêts profitent exclusivement à l'autre, les épousailles prendront fin après la période de zizanie qui prélude à toute séparation. Et même si le sort des enfants - en l'espèce, les électeurs- oblige à maintenir certaines apparences.

Qu'importe cette objection au lendemain de la signature du programme commun ! L'union de la gauche mobilise ardemment les énergies militantes. Dès le 1er décembre 1972, une réunion au Palais des Sports de la Porte de Versailles vérifie l'adhésion massive du « peuple de gauche » et il en va de même un peu partout en province. Socialistes et communistes manifestent un zèle égal et les électeurs approuvent.

Première échéance d'importance, les législatives des 4 et 11 mars 1973 apportent aux deux partis, des satisfactions équivalentes. La FGDS (qui regroupe le PS et les radicaux de gauche) réduit un peu son écart de juin 68 avec les communistes[47]. Surtout, les deux formations améliorent fortement leur représentation à l'Assemblée Nationale : les socialistes enlèvent 102 circonscriptions (+45), les communistes en gagnent 73 (+39). La majorité pompidolienne n'est pas menacée, mais elle est réduite. Pour la gauche unie, l'épreuve est un succès.

À défaut d'être une idylle, l'union de la gauche scellée par le programme commun et portée par le succès électoral sera durant trois ans une espérance populaire manifeste et, pour ses

---

[47] Le 23 juin 1968, 16,53% des électeurs s'étaient prononcés pour les fédérés et 20,02% pour les communistes. Le 4 mars 1973, la FGDS obtient 19,16% des voix et les communistes 21,29%.

leaders, une perspective de conquête du pouvoir. La disparition prématurée du président Pompidou le 2 avril 1974 va bouleverser cette vision.

Sans doute, la logique requiert-elle que la gauche unie se rassemble sur un seul candidat, et dès le premier tour du scrutin présidentiel. La référence à 1965 est trompeuse cependant : face à de Gaulle dont la réélection semblait assurée, socialistes et communistes s'étaient ralliés à un candidat solitaire dont Guy Mollet et Waldeck Rochet attendaient seulement qu'il les débarrasse d'une échéance dont ils n'attendaient rien.

Le Mitterrand de 1974 n'est pas celui de 1965 : depuis dix ans, malgré ses déboires de 1968, il s'est imposé dans l'opinion de gauche. Depuis Épinay, il est devenu le leader de moins en moins contesté d'un grand parti. L'investir dans une compétition où, à l'inverse de 1965, le succès n'est pas impossible, n'est-ce pas reconnaître officiellement son leadership et accepter ce rôle de « force d'appoint » que les communistes depuis toujours refusent ? Avec le risque supplémentaire pour le parti de Georges Marchais, de créer dans son électorat l'accoutumance de vote pour le candidat d'un autre parti qui peut se montrer - qui se montrera- dévastatrice pour l'avenir.

Certes, François Mitterrand doit s'incliner d'une courte tête devant Valéry Giscard d'Estaing le 19 mai 1974 (50,66 % contre 49,33 %), mais il est surclassé au terme d'une campagne où, pour rassembler les 10,8 millions d'électeurs du premier tour et les 12,9 millions du second, l'élan des communistes ne s'est pas distingué de l'enthousiasme des socialistes. À l'évidence, François Mitterrand devient en 1974 le dirigeant naturel de la gauche dans son ensemble, et c'est Georges Marchais qui l'a hissé sur le pavois.

Ce primat, le PS en tire aussitôt avantage : aux six législatives partielles de l'automne où plusieurs anciens ministres de Pierre Messmer (dont l'ex Premier ministre lui-même qui sera réélu en Moselle), cherchent à retrouver un siège de député, les candidats socialistes (ou soutenus par le PS) progressent partout et deux anciens ministres, le centriste Joseph Fontanet (Savoie) et le pompidolien Jean-Philippe Lecat (Côte d'or) sont battus par un socialiste et un MRG.

Un prétexte pour un divorce

L'avancée électorale socialiste soumet la gauche du programme commun à de fortes turbulences qui dureront trois ans. Jusqu'au sommet du 22 septembre 1977 où, dans la perspective des législatives de mars 1978, la rupture interviendra sur l'actualisation du programme de gouvernement.

En juin 1972, la volonté politique avait conduit à l'union de la gauche. En septembre 1977, une autre volonté politique interdira sur les filiales à nationaliser un accord qui fournira un prétexte au divorce. Six mois auparavant, les municipales des 13 et 20 mars avaient pourtant offert à la gauche encore unie – selon les apparences, au moins - une victoire partagée dont socialistes et communistes s'étaient répartis les gains (+ 35 villes de plus de 30 000 habitants pour les premiers et + 22 pour les seconds dans un scrutin où l'union de la gauche apparaît à son apogée). Sur les 220 villes de plus de 30 000 habitants, le PS à l'issue du scrutin en détient 81 et les communistes 72.

Le 22 septembre 1977, l'union de la gauche se déchire au profit des seuls jeux d'appareil. Et ce n'est pas la poignée de mains de convenance échangée devant photographes et caméras entre François Mitterrand, Georges Marchais et Robert Fabre qui suffira à convaincre les électeurs de mars 1978 d'envoyer au Palais Bourbon la majorité de députés que la gauche pouvait espérer un an auparavant.

Dans la ligne du congrès communiste de la fin 1974, Georges Marchais avait résumé d'une phrase les craintes de son parti : « Il ne faudrait pas que se crée à gauche un rapport de forces qui pourrait permettre aux socialistes de se passer de nous ». Sans se lasser, les communistes s'emploient à fragiliser François Mitterrand, leur cible principale désormais. Ainsi, *L'Humanité* publie un chiffrage du programme commun à la veille du débat télévisé entre Raymond Barre et le n° 1 socialiste qui doit déclarer son désaccord avec les estimations du quotidien du PCF. Explication communiste : le PS veut rompre l'union pour se rapprocher de la droite. Procès d'intention, répliquent les socialistes. Jusqu'au moment où, malgré les réticences de François Mitterrand qui redoute d'alimenter le procès de ses partenaires-adversaires, les socialistes doivent se résoudre à la réactualisation du programme de gouvernement réclamée le 31 mars 1977 par le comité central du PCF.

Pendant deux mois, le parti de Georges Marchais s'exerce à revenir sur ses concessions de 1972, en particulier sur les nationalisations qui apparaissent très vite comme le terrain privilégié du conflit avant de devenir celui de la rupture. « Jamais, je ne me laisserai avoir par un social-démocrate », signifie le n° 1 communiste devant les négociateurs de son parti, Charles Fiterman, Pierre Juquin et Jean Kanapa à qui il reproche de manquer de pugnacité. « Vous vous faites rouler dans la farine par les socialistes », accuse-t-il[48].

La rupture aura lieu en deux temps. Le premier sommet de la gauche le 14 septembre constate les désaccords, mais ménage l'avenir. L'affrontement principal, comme on le pressentait, porte sur les filiales des groupes dont le programme de 1972 prévoit la nationalisation. Les communistes en recensent 1008. Pas question d'aller au-delà des nationalisations prévues en 1972, refusent les socialistes.

Un incident met fin au dialogue de sourds : Robert Fabre, las de jouer les utilités, affiche l'existence du MRG en quittant la salle et en s'imposant face à Georges Marchais devant les caméras de la télévision...

Dans l'espoir qu'un arrangement soit encore possible, les « trois » évitent néanmoins de dramatiser et tombent d'accord pour un sommet de rattrapage le 22 septembre qui, à l'évidence, devient celui de la dernière chance.

---

[48] Pierre Juquin, « De battre, mon cœur n'a jamais cessé », *L'Archipel* (p. 423).

D'entrée de jeu, socialistes et communistes fixent leur pré carré :
 - Nous ne nationaliserons pas le capital privé que le programme commun n'a pas prévu, avertit François Mitterrand.
 - Il y a un fossé entre les engagements que vous avez pris avec nous il y a cinq ans et vos propositions d'aujourd'hui », rétorque Georges Marchais.
On affirme, on réfute, on polémique. La discussion s'enlise, jusqu'à une heure du matin où la séance est levée sans qu'un autre rendez-vous soit fixé.
La rupture est là.
Faut-il penser que les soviétiques aient poussé au divorce ? Le soupçon a été évoqué, il est classique, ce qui ne signifie pas infondé. En allant ostensiblement serrer la main de Valéry Giscard d'Estaing pendant la campagne présidentielle de 1974, l'ambassadeur Tchervonenko avait clairement indiqué la préférence de Moscou. À moins qu'il ne faille parler plutôt de la méfiance du Kremlin à l'égard des socialistes réputés atlantistes. L'*Humanité* à l'époque avait protesté contre cette démarche...
Que des considérations de politique étrangères n'aient pas été absentes chez certains communistes français, il n'est pas interdit de le penser. La réalité demeure. En dehors d'un déséquilibre électoral croissant au bénéfice des socialistes, d'autres motivations nationales - le souci de « ne pas gérer la crise » qui se profile à l'horizon des prochaines années, par exemple - suffisent à expliquer le choix par le parti de Georges Marchais d'une brisure dont les communistes veulent croire qu'elle tournera à leur avantage.
Pour convaincre l'opinion, le PCF peut se targuer d'une force militante sans rivale. Contre François Mitterrand qu'ils ont largement contribué à installer au gouvernail de la gauche, les communistes échoueront néanmoins, malgré toutes les ressources d'une propagande démultipliée par les milliers de cellules du parti.
Si « l'union de la gauche est un combat », comme le dit à l'époque le directeur de *l'Humanité*, Etienne Fajon, les raisons de

l'impuissance communiste à miner l'image du leader socialiste ne relèvent pas uniquement de la communication politique. Dans une société qui change et dont le PCF comprend mal les évolutions (on l'a déjà observé en mai 1968), les électeurs de gauche imputent la responsabilité primordiale de la rupture à Georges Marchais et à son parti. Ils trancheront le débat le 26 avril 1981 en donnant à François Mitterrand au premier tour de la présidentielle une avance confortable sur le leader communiste (25,9 % contre 15,4%).

De mauvais gré, l'état-major communiste devra se rallier au second tour à la candidature de celui dont il aura été pendant sept ans l'impitoyable détracteur. Dans la compétition présidentielle de 1981, François Mitterrand gagne deux fois, contre Georges Marchais et les communistes le 26 avril, contre Giscard et la droite le 10 mai.

Pour le PCF, le temps du déclin est arrivé et il se révèlera irréversible[49]. Comme le dira François Mitterrand à l'ancien ministre gaulliste Maurice Schumann, « il y a deux hommes, en France, qui ont fait reculer le communisme, de Gaulle en le combattant, et moi, en m'alliant avec lui ». Sauf que le second réussira mieux et plus durablement, dans son entreprise que le premier.

---

[49] Voir 1958-2007. L'évaporation de l'ex-« parti de la classe ouvrière » (p. 177).

CHAPITRE 7

1972 - 1973

LES MAOS RENONCENT AUX BRIGADES ROUGES

Le bilan officiel est lourd : 429 victimes pour les brigades rouges en Italie (dont l'ancien président du Conseil démocrate chrétien Aldo Moro), 34 pour la Rote Armee Fraktion ou « bande à Baader » en Allemagne. En France, la Gauche prolétarienne et, plus généralement, les organisations qui se réclament du maoïsme ont menacé, dénoncé, provoqué, agressé, mais elles n'ont pas tué. Et si « Action Directe » est à l'origine de plusieurs assassinats, sa filiation maoïste n'est pas évidente.

Pourquoi cette (relative) exception qui, pendant « les années de plomb », distingue la France de la dérive meurtrière qui déchire la société allemande et, surtout, italienne ? À première vue, on relève plutôt les convergences entre les trois pays, émergence d'une prospérité économique sans précédent dans le siècle, forte mutation sociale qui draine les paysans vers les villes, accès du plus grand nombre à la consommation, enracinement dans le camp occidental de la « guerre froide ».

Dans les trois pays -comme dans les autres états européens qui, peu ou prou, participent du même mouvement- la décennie 70 clôt la période d'après-guerre. La crise pétrolière met fin aux « trente glorieuses » chères à la nostalgie des Français. Avec la montée du chômage, la croissance économique connaît ses premiers ratés. La modernisation commence à fermer les usines les plus fragiles, sans assurer toujours des débouchés aux étudiants de plus en plus nombreux qui peuplent les universités.

Simultanément, la libéralisation des mœurs, l'émancipation des femmes, les réalités de l'immigration, l'évolution des comportements contredisent des gestions restées souvent conservatrices. Du choc des autorités en place avec les aspirations des jeunes générations, naît en France le mouvement de mai 68. En même temps, la montée des couches sociales nouvelles remet en cause, du moins en France et en Italie, le pouvoir presque sans partage exercé depuis la fin de la guerre par les communistes au sein de la classe ouvrière.

Des jeunes en révolte, un régime conservateur, un vivier contestataire, la France avait apparemment de « bonnes » raisons de basculer dans le terrorisme à l'italienne et à l'allemande. Elle y échappera pour plusieurs raisons. Le rejet du groupe dirigeant de la principale organisation maoïste, la Gauche prolétarienne qui, au moment décisif, refusera la violence armée. Parallèlement, la concurrence des trotskystes - celle de la Ligue Communiste en particulier, influente parmi les étudiants- écartera de la tentation révolutionnariste une partie de la nouvelle extrême gauche.

Sans oublier la vigilance dissuasive de l'appareil d'État, et d'abord de la police du ministre Raymond Marcellin.

À aucun moment, les maos ne réussiront à être, en France, des poissons dans l'eau, condition selon « le grand timonier» du changement révolutionnaire.

La lutte armée et la guerre révolutionnaire, les maos français auront pourtant tenté, pendant des années et par tous les moyens, de les promouvoir en s'inspirant de l'exemple chinois (bien entendu), mais aussi d'autres modèles étrangers (d'Amérique latine, en particulier).

La saga du maoïsme en France commence tôt. Si on excepte quelques rares intellectuels communistes qui, en écho aux tensions croissantes entre l'Union Soviétique et la Chine, affichent leurs sympathies pour Pékin dès le début des années 60, le premier des maoïstes français connus sera l'avocat Jacques Vergès dont la luxueuse revue « Révolution » reflète les analyses du communisme chinois. Mais, si Jacques Vergès est une personnalité qui a joué un rôle pendant la guerre d'Algérie comme défenseur des militants FLN, ce n'est pas un sergent recruteur et, à plus forte raison, un leader politique.

Plus que Jacques Vergès, le philosophe Louis Althusser tient le maoïsme français sur les fonts baptismaux quand, sous l'influence du « caïman » de la rue d'Ulm, le cercle de l'UEC[50] adopte en 1964 les thèses de Pékin.

Suit en 1966 la création de l'UJC (ML)[51] avec, à sa tête, un surdoué de Normale Sup', Benny Lévy, qui jouera un rôle souvent décisif dans les rangs maos pendant dix ans. « La Cause du peuple» voit le jour en 1968. Par la suite, plusieurs organisations, « Vive le communisme » (qui deviendra « Vive la Révolution »), le Parti Communiste Marxiste Léniniste de France (PCMLF), la Gauche prolétarienne surtout (qui s'imposera au premier rang des formation maoïstes) regroupent les militants favorables à Pékin.

Son impulsion, une impulsion déterminante, le mouvement maoïste la reçoit de mai 1968 où Alain Geismar, secrétaire général du SNE Sup., le syndicat national de l'enseignement supérieur, .fait ses premières armes aux côtés des deux autres figures de la « troïka » de mai, Daniel Cohn-Bendit (mouvement du 22 mars) et Jacques Sauvageot (UNEF). À partir des événements du printemps 68, les maos de tous bords vont cultiver à l'envi la stratégie de la tension et organiser méthodiquement ce que la Gauche prolétarienne baptise « des embrouilles ». Grèves, manifestations, agressions, provocations.

Si les références maoïstes empruntent aux analyses marxistes traditionnelles, enrichies de l'expérience des camarades chinois, elles misent également sur la spontanéité des masses, d'où l'appellation de « Mao-Spontex » qui leur sera attribuée. À l'instar du « Mouvement du 22 mars », créé à Nanterre quelques

---

[50] UEC, Union des Étudiants Communistes.
[51] L'Union des Jeunesses Communistes (Marxistes-Léninistes).

semaines avant les événements de mai par Daniel Cohn-Bendit[52], les pro-Pékin croient à la révolution pour demain.

« L'horizon 70 ou 72 de la France, c'est la révolution », assure en écho Benny Lévy, tandis qu'Alain Geismar et Serge July condensent leurs analyses dans un livre au titre significatif, «Vers la guerre civile »[53]. « Mai en France, c'est le début d'une lutte des classes prolongée, écrivent-ils. Voici les premiers jours de la grève populaire contre les expropriateurs, les premiers jours de la guerre civile », y lit-on. Après ce début prometteur, Geismar et July revendiquent légitimement « le droit de faire la révolution » en prônant « la prolétarisation de la violence ».

Ce programme, le futur directeur de « Libération », désormais promu responsable des opérations de communication de la Gauche prolétarienne, le développe dans une tribune libre du « Monde » où Serge July résume les objectifs des maos en deux phrases : « Nous voulons détruire le pouvoir patronal (...) nous voulons abattre l'université actuelle ». Comment ? « Pour gagner le pain et les roses, il faut se battre ».

Se battre, Raymond Marcellin en est d'accord. Le ministre de l'Intérieur prend les maos au mot. À son initiative, le 30 avril 1970, députés et sénateurs adoptent une loi « anticasseurs » qui renforce la répression contre les contestataires et leurs défenseurs. Contre les maos, d'abord.

La Cause de Sartre

Pour les convaincre de se battre, les maos s'adressent en priorité aux couches sociales les plus exploitées, les ex-manœuvres rebaptisés ouvriers spécialisés, les femmes corvéables à merci, les jeunes condamnés aux boulots précaires

---

[52] Daniel Cohn-Bendit ne ralliera jamais les rangs maoïstes. De tendance libertaire en 1968, « l'anarchiste allemand » dénoncé par Georges Marchais, rejoindra les « Verts » dont il devient l'un des leaders outre-Rhin. Député européen, Daniel Cohn-Bendit co-préside le groupe écologiste de l'Assemblée de Strasbourg.
[53] Éditions et publications premières (mars 1969). *Vers la guerre civile* compte un troisième signataire, Erlyn Morane qui, sous ce pseudonyme, réunit deux militantes maoïstes, Herta Alvarez et Evelyne July.

et mal rétribués, les immigrés voués aux taches les plus rebutantes, les petits commerçants ruinés par les grandes surfaces. Tous, davantage que la classe ouvrière organisée sur laquelle s'appuient les « révisionnistes » du parti communiste aligné sur Moscou, ont intérêt à la guerre sociale.

Une opération comme celle de Fauchon le 8 mai 1970 où un commando maoïste rafle les produits de luxe du magasin de la Madeleine, avant de les distribuer aux plus démunis de la banlieue, est exemplaire de la stratégie de la Gauche prolétarienne. Une initiative à triple détente qui dénonce un temple de la consommation réservé aux riches, fait bénéficier les immigrés de la razzia et entraîne l'adhésion des petits commerçants.

Mais Raymond Marcellin veille et le conseil des ministres décide la dissolution de la GP.

Autre front privilégié des maos, celui des immigrés : pour les défendre, les militants mobilisent dans les usines contre les « petits chefs », mais aussi contre les « révisos ». Par exemple, contre la municipalité communiste d'Argenteuil qui veut expulser les immigrés du bidonville de la ville. Les maos débarquent drapeaux rouges en tête. Slogans, insultes, bagarres. Le résultat est là : le maire communiste doit reculer et arrête les expulsions.

Certes, la violence systématique des maoïstes les isole du plus grand nombre. Elle leur vaut aussi l'appui d'universitaires, d'artistes, d'intellectuels enclins à voir dans les initiatives de la GP une protestation bienvenue contre le désordre établi. Dans les moments difficiles, politiques et financiers, l'organisation d'Alain Geismar et Benny Lévy ne manquera pas auprès d'eux de concours utiles.

Au premier rang de ses soutiens, Jean-Paul Sartre. En avril 1970, pour entraver les poursuites judiciaires et remplacer son responsable arrêté, le philosophe accepte la direction de « la Cause du peuple ». Le même Jean-Paul Sartre ne dédaignera pas, monté sur un tonneau, de venir haranguer les ouvriers de

Renault pour les convaincre des bienfaits de l'action commune ouvriers-intellectuels.

Avec Jean-Paul Sartre, nul n'en sera surpris, Simone de Beauvoir, mais également Michel Foucault, Alain Badiou, Maurice Clavel, Philippe Sollers et un essaim d'acteurs, de metteurs en scène et de producteurs de cinéma, tels Jean-Luc Godard, Alexandre Astruc, Agnès Varda, Simone Signoret, Marin Karmitz. D'autres encore, de plus ou moins grande renommée.

Au lendemain de la dissolution de la GP, les plus actifs se retrouvent dans la rue aux côtés de Jean-Paul Sartre pour distribuer « la Cause du peuple ». Sartre va, d'ailleurs, nouer des liens étroits avec Benny Lévy qui, sous le pseudonyme de Pierre Victor, devient son secrétaire, spécialement chargé des épreuves de son livre sur Flaubert.

D'autres formations, comme « Vive la Révolution » de l'architecte Roland Castro (toujours sur la brèche aujourd'hui) et de l'avocat Tienno Grumbach (neveu de Pierre Mendès-France), profiteront également de la manne de ces sympathisants du maoïsme. Mais la Gauche prolétarienne s'en adjuge la plus large part.

La violence de la GP ne heurte pas ses compagnons de route, Sartre notamment, qui lui trouve des vertus moralisatrices. Il arrive cependant que l'exacerbation de la lutte dépasse les pugilats et les coups pour déboucher sur le drame. C'est le cas le 25 février 1972 lorsqu'un jeune ouvrier de 23 ans, Pierre Overney, est abattu par un vigile à la porte de Renault.

La protestation va *crescendo*. Dès le lendemain, Benny Lévy répète à l'adresse des militants le mot d'ordre lancé avant la guerre par le communiste Paul Vaillant-Couturier, « pour un œil, les deux yeux. Pour une dent, toute la gueule…» Le 29 février, 30 000 personnes défilent à Charonne, haut lieu de la gauche depuis le massacre de neuf militants en février 1962 dans un rassemblement contre la guerre d'Algérie. Ils seront 200 000 manifestants le 4 mars pour les obsèques de Pierre Overney où, en présence de Jean-Paul Sartre, Simone de

Beauvoir, Simone Signoret, Jean-Pierre Chevènement (PS), Michel Rocard (PSU) et Alain Krivine (Ligue communiste), Alain Geismar promet devant le Père Lachaise de « venger Pierrot ».

L'épitaphe d'Althusser est sans illusion cependant : « ce qu'on enterre aujourd'hui, ce n'est pas Overney, c'est le gauchisme »[54]. Il n'empêche : pour la première fois, la nouvelle extrême gauche fait la preuve qu'elle peut occuper le pavé à l'égal des « révisionnistes » du PC et, pour cette démonstration, les maoïstes de la GP figurent à l'avant-garde du mouvement.

L'étape suivante mobilise la « Nouvelle Résistance Populaire », créée trois ans auparavant à l'initiative de Benny Lévy pour regrouper les militants de choc de la GP[55]. Son objectif, préparer la guerre révolutionnaire, organiser la lutte armée. Ce sera la tache du normalien Olivier Rolin, toujours prêt à payer de sa personne, la barre de fer à la main si nécessaire.

En attendant, le 28 mars, un commando de la « NRP » enlève Robert Nogrette, un responsable de la Régie Renault qui s'est « distingué » en licenciant des ouvriers maoïstes. Toutes les polices de France sont sur les dents, mais sans résultat. Le « Groupe Pierre Overney » qui signe le rapt, exige la réintégration des militants maos pour libérer Nogrette. Deux jours plus tard, l'effet médiatique atteint, Nogrette est libéré.

D'autres enlèvements doivent alimenter la propagande de la GP, mais échouent. Le député gaulliste du 13ème arrondissement de Paris, Michel de Grailly, qui préside la Société d'économie mixte des abattoirs de La Villette, est kidnappé par trois maos de la « NRP » (dont Olivier Rolin). Malheureusement, le sédatif qui lui est appliqué est trop léger. Le député se débat et l'opération finit assez piteusement dans un parking de la porte de Versailles. De même, la « NRP » projette le rapt d'Henri de Wendel, l'héritier de la dynastie des

---

[54] Louis Althusser, *L'avenir dure longtemps*, Stock.
[55] Pourtant, les effectifs de la « NRP » n'atteindront jamais la centaine de membres et, plus probablement, avoisinèrent la cinquantaine. Ceux de la GP ne dépasseront guère le millier.

maîtres de forge. Apparemment, tout est prévu. Repérage, surveillance, vol de voiture, mais la police a un mouchard parmi les maos qui, finalement, renoncent.

Étrange confrérie au demeurant que la Gauche prolétarienne ! Comme ses militants (mais aucune carte ne permet d'en recenser le nombre exact) se considèrent volontiers comme des résistants, les résistants de la guerre faite aux exploiteurs, ils s'inventent un chant de résistance imité de celui qu'ont composé pendant la guerre Joseph Kessel et Maurice Druon. Ce sera « les nouveaux partisans », avec un refrain que les maos de la GP espèrent vulgariser dans les usines et les campagnes :

« Nous sommes les nouveaux partisans
francs-tireurs de la guerre des classes
le camp du peuple est notre camp
nous sommes les nouveaux partisans ».

« La bande des Quatre »

Cette dérive guerrière n'exclut pas des réflexes que les maoïstes pourraient qualifier chez d'autres de « petits-bourgeois ». Outre l'ouvriérisation et la militarisation du mouvement, la volonté de la GP de régenter la vie de ses militants prendra à l'occasion des formes insolites. Quand, par exemple, Benny Lévy prescrit par circulaire aux membres de la Gauche prolétarienne… de se marier. De rejoindre dans le mariage le comportement habituel des travailleurs. Une manière de s'intégrer à la classe ouvrière en adoptant son style de vie, sauf que les structures familiales commencent à craquer. La GP, semble-t-il, ne s'en rend pas compte. Ou, du moins, Benny Levy.

En 1972, presque coup sur coup, deux événements vont contribuer à retenir les dirigeants maos sur la voie de la violence aveugle où ils s'avancent de plus en plus. En avril, l'affaire de Bruay-en-Artois propose aux maximalistes un décor apparemment idéal : une adolescente de 16 ans, Brigitte

Deweyre, est découverte dénudée et mutilée dans un terrain vague à proximité du coron de la cité minière où habite sa famille. Aussitôt, « la Cause du peuple » attaque : « Il n'y a qu'un bourgeois pour avoir fait ça », accuse le journal. Un bourgeois ? Pierre Leroy, un notaire de Bruay qui, avec sa richissime maîtresse, Monique Mayeur, n'est pas des plus populaires parmi la population du cru. Les charges sont minces ? Le juge d'instruction du tribunal de Béthune, Henri Pascal, accrédite la thèse de la culpabilité en inculpant le notaire. De toute façon, pour la GP, le notaire est coupable. Coupable, parce que notaire.

Certains maos, pourtant, se rebiffent : le comité de rédaction de « la Cause du peuple » se déchire. Sartre, les ressources de la dialectique aidant, tente de dégager la GP du guêpier où elle s'est placée : il ne désavoue pas, mais il prend ses distances. La vérité, d'ailleurs, se fera. Malgré « la Cause du peuple », malgré le juge Pascal, la suite de l'enquête innocente le notaire, si peu sympathique qu'il soit. La jeune Brigitte semble avoir été victime d'un camarade de son âge. Pas assez de preuves, cependant, pas de condamnation. Un fait divers lamentable, mais, somme toute, banal.

De cette haine de classe qui s'est étalée à la « une » de « la Cause du peuple », la GP ne sort pas indemne : dans les cercles sympathisants qui, jusqu'ici, ne lui marchandaient pas leur appui, les dégâts sont durables.

L'assassinat en septembre, aux Jeux Olympiques de Munich, de onze athlètes israéliens par un commando terroriste porte un nouveau coup aux maoïstes qui entretenaient jusqu'alors des liens privilégiés avec Yasser Arafat et les autres mouvances palestiniennes. Onze athlètes massacrés parce que juifs. Les dirigeants de la Gauche prolétarienne et de la « NRP » où les juifs sont nombreux – « le gauchisme français est aussi une histoire juive », dira le linguiste Jean Claude Milner[56]- condamnent et le disent. Après Bruay, Munich crée une nouvelle brisure parmi les maos.

---

[56] *Le Monde*, 29 avril 2008 (p. 18).

Décidément, certains dirigeants de la GP commencent à ressentir l'impasse dans laquelle ils sont placés : poursuivre dans la voie où ils sont engagés mène inexorablement à la violence armée dans une société qui, à l'évidence, la rejette. Mais une société qui bouge, à gauche en particulier.

Après les assises d'Épinay où François Mitterrand s'impose à la direction du PS[57], socialistes et communistes signent en juin 1972 un programme commun de gouvernement qui, pour la première fois depuis les débuts de la Ve République, dessine une alternative de gauche[58].

Une expérience comme celle de LIP, l'exemple du trotskysme également, jouent leur rôle dans la réflexion du noyau dirigeant de la GP. À Besançon, les ouvriers souvent chrétiens de l'entreprise de montres - les « paroissiens de Palente », les appelle-t-on - mènent un combat autogestionnaire qui animera la chronique sociale pendant les années 1973 et 1974, et pèse sur de larges couches militantes.

Avec les trotskystes, la concurrence est largement conflictuelle. Benny Lévy dénonce volontiers dans les tenants de la IVe Internationale les « gardiens du musée de la Révolution d'octobre ». Mais ils sont là, ils existent et les maos doivent en tenir compte. Après Bruay, après Munich, l'état-major de la GP ne peut plus éluder le choix, le terrorisme ou la dissolution, l'autodissolution. La surprise vient de l'accord de la « bande des quatre » qui la dirige de fait, Serge July, Alain Geismar, Benny Levy et Olivier Rolin. Des militants aux parcours variés qui emprunteront par la suite des itinéraires différents[59], mais dont les motivations se coalisent pour

---

[57] Voir «11-13 juin 1971, Les socialistes entament à Épinay leur longue marche vers le pouvoir» (p. 57).
[58] Voir «1972- 1981. L'union de la gauche est un combat» (p. 69).
[59] Serge July fera carrière à la tête de *Libération* dont il quittera la direction en 2006 ; Alain Geismar prendra sa carte du PS, deviendra Inspecteur général de l'Éducation Nationale et un conseiller écouté de Lionel Jospin, puis de Claude Allègre ; Benny Lévy, après quelques années comme secrétaire de Jean-Paul Sartre, retrouve sa judéité et deviendra, avant sa mort prématurée, l'un des principaux spécialistes de la Kabbale ; Olivier Rolin se révélera un romancier de talent qui obtiendra le prix Fémina en 1994 pour « Port Soudan », mais échouera pour le Goncourt 2002 avec «Tigre en papier».

éviter la catastrophe du terrorisme dont, pendant des années, ils ont été les chantres et même, à l'occasion, les praticiens.

En décidant la dissolution de la GP, « Marcellin nous a devancés, nous lui devons l'économie d'une crise », ironise Benny Lévy. Alain Geismar renchérit : « Marcellin nous permet d'opter une ligne de fuite ».

Olivier Rolin, lui, se situe sur un autre plan, quand il explique que « le personnel disponible pour un éventuel passage au terrorisme fut (...) littéralement aspiré et canalisé par l'appel d'air créé par la GP »[60]. En d'autres termes, si la France a été épargnée par le terrorisme, elle le doit à la Gauche prolétarienne qui a « fixé » ceux qui, sans elle, auraient basculé dans cette voie.

Néanmoins, la ligne des responsables n'imposera pas sans difficulté la dissolution à ses troupes. Il faudra en novembre 1973 une double « AG des chrysanthèmes » (l'expression est de Benny Lévy) pour convaincre les militants. Comment comprendre que les mêmes qui les ont engagés à s'établir en usines (pour les étudiants), à dénoncer la dictature des « petits chefs» (pour les ouvriers), à revendiquer des droits et à les défendre (pour les immigrés) appellent maintenant à renoncer ?

Les dirigeants réussissent cependant. La GP est morte et ils tiennent les cordons du poêle. Le maoïsme organisé a-t-il disparu pour autant ? Pas tout à fait. Si « Vive la Révolution » a pris les devants en choisissant l'autodissolution dès Pâques 1971, d'autres organisations subsistent, Ligne rouge, la Voix prolétarienne, la Voix populaire, d'autres encore, qui finissent par disparaître les unes après les autres. Des militants, en revanche, confrontés à une démission impossible, vont poursuivre plus ou moins longtemps. Sans (et contre) Olivier Rolin, une « NRP » dissidente réunit des armes et des explosifs, prépare des plans et des planques. Puis disparaît en 1975.

La dérive viendra le 23 mars 1977 lorsque d'autres dissidents, « les Noyaux Armés pour l'Autonomie Populaire »

---

[60] Citations extraites du livre d'Hervé Hamon et Patrick Rotman, *Génération*, tome 2. « Les années de poudre », Le Seuil.

exécutent, cinq ans après, Jean-Louis Tramoni, le vigile meurtrier de Pierre Overney. Près d'une décennie plus tard, le 17 novembre 1986, un commando « d'Action directe », le groupuscule de Jean-Marc Rouillan et Nathalie Ménigon, abat le PDG de Renault, Georges Besse (après avoir, le 25 janvier 1985, assassiné le général Audran, responsable des ventes d'armes de l'État). « Action directe » ne compte guère qu'une douzaine d'activistes dont la plupart ne savent pas s'ils se réclament du maoïsme ou de l'anarchisme -à supposer que leur galimatias idéologique mérite une référence quelconque- mais ils tuent à plusieurs reprises.

Le pseudo-maoïsme finit dans le sang et illustre la décomposition d'une certaine ultra-gauche, sans perspective et sans militants, dont la violence armée tient lieu d'ultime message.

CHAPITRE 8

17 janvier 1975
LA LOI VEIL SIGNE LA MAÎTRISE PAR LES FEMMES DE LEUR MATERNITÉ

3 h 40 du matin, l'aube du 29 novembre 1974. À l'issue de quatre jours de débats souvent passionnés où 74 orateurs sont intervenus, la séance de l'Assemblée nationale est levée. Par 284 voix contre 189 sur 473 suffrages exprimés et 479 votants, les députés ont adopté le projet de loi sur l'Interruption Volontaire de Grossesse. Plus connu à l'avenir comme la loi Veil.

Le vote est acquis grâce aux élus de la gauche qui l'ont massivement approuvée (seul un député radical de gauche s'est abstenu), alors que 99 seulement des 291 élus de la majorité se sont prononcés en faveur du texte gouvernemental que la ministre de la Santé, Simone Veil, avait inlassablement défendu contre les assauts de ses adversaires.

Au total, 105 députés PS-MRG, 73 communistes, 55 UDR (gaullistes), 27 réformateurs (centristes), 17 Républicains indépendants (giscardiens) et 7 non-inscrits ont ratifié une réforme qui, au delà de l'enceinte du Palais Bourbon, avait, des mois durant, déchiré l'opinion française dans une controverse dont, aujourd'hui, on imagine mal l'âpreté.

Parmi les 189 opposants, dont les députés UDR formaient le gros des troupes (106 députés sur 174 membres du groupe) avec 47 RI (sur 65), 24 réformateurs (sur 52) et 12 non inscrits (sur 19), un homme de la dimension de Michel Debré avait donné le ton d'un refus qui associait la crainte de la dénatalité aux motivations éthiques et, parfois, aux préventions les plus discutables. Une majorité d'idées dont la gauche peut revendiquer la plus large part.

Jamais, dans les annales parlementaires de la V° République, hormis pendant la guerre d'Algérie, on n'avait assisté à semblables empoignades dans l'hémicycle. Travées largement garnies, interruptions, vociférations, lâchers de tracts depuis les tribunes, expulsions des perturbateurs, la panoplie des « grands » débats s'était même enrichie des battements de cœur d'un fœtus de huit semaines diffusés par un député… Discussion souvent tendue, mais où, somme toute, les vrais dérapages seront rares, malgré les écarts qui assimilent l'IVG au génocide juif par les nazis.

Le défi de l'automne 1974 où se jouera la maîtrise par les femmes de leur corps et de leur maternité, c'est d'abord l'épreuve de Simone Veil. Adolescente juive survivante des camps de la mort, substitut, un temps secrétaire générale du Conseil Supérieur de la Magistrature, elle fut la révélation du débat qui devait donner son nom à la loi. Jusqu'ici inconnue dans la sphère politique, la ministre de la Santé du gouvernement de Jacques Chirac à qui, avant son choix par Valéry Giscard d'Estaing, on connaissait plutôt des sympathies pour Jacques Chaban-Delmas, son rival d'hier pour l'Élysée, s'imposa à une tribune redoutable qu'elle ne connaissait pas. En dépit des épithètes déplaisantes que lui réservèrent les plus acharnés de ses adversaires, Simone Veil d'ailleurs força le respect de la plupart de ses opposants.

Face à des contradicteurs convaincus et déterminés, la ministre sut mener sans concession un combat sévère qui, au terme de l'affrontement parlementaire, lui vaudra les félicitations du Président de la République pour « la manière dont elle a conduit la discussion de manière à aboutir (…) à l'adoption d'un texte très proche du projet initial déposé par le gouvernement ». Une bataille, mais aussi un tremplin pour Simone Veil qui devint par la suite présidente de l'Assemblée de Strasbourg, avant d'entrer au Conseil constitutionnel.

Personne ne le conteste aujourd'hui et, à l'époque déjà, beaucoup le reconnaissait, fut-ce discrètement : la législation sur l'avortement exigeait une réforme (le gouvernement Messmer, au demeurant, s'y était essayé sans succès en juin 1973). La loi du 31 juillet 1920, adoptée par la chambre « bleu horizon », dominée par la droite parfois extrême après une guerre qui avait fauché ou mutilé plusieurs millions de jeunes Français et qui mettait en danger la démographie des futures générations, qualifiait l'avortement de crime. Moins de trois ans après, la loi du 27 mars 1923 devait reculer en « correctionnalisant » l'avortement, moins par souci d'indulgence que pour éviter les acquittements fréquents par des jurys populaires jugés trop cléments. Un décret-loi du 29 juillet 1939 avait rétabli une plus grande sévérité en raison de la multiplication des avortements. Significativement, la dernière femme guillotinée en France le fut en 1943, sous le régime de Vichy, condamnée à la peine capitale comme « faiseuse d'anges… ». Un épisode sinistre évoqué dans le film de Claude Chabrol, « Une affaire de femmes » avec la comédienne Isabelle Huppert.

L'évolution des mœurs de l'après-guerre avait achevé de disqualifier une législation répressive qui, progressivement, n'était plus appliquée. Mais la réalité était là : selon les estimations les plus courantes, aux environs de 300 000 femmes se faisaient avorter chaque année. Avec des pratiques coûteuses parfois (certains praticiens s'étaient faits de l'avortement une spécialité rémunératrice), dangereuses aussi pour les femmes matériellement défavorisées (entraînant, selon la présidente de « Choisir », l'avocate Gisèle Halimi, 400 décès par an).

La situation apparaissait d'autant plus insupportable que, malgré des organisations comme le « Planning familial » et le MLAC, (le Mouvement pour la Liberté de l'Avortement et de la Contraception), le contrôle des naissances en était encore à ses balbutiements. La loi Neuwirth adoptée en 1967, malgré l'opposition affichée de l'Église catholique suscitait toujours les réserves de certains parmi ceux qui -tel l'ancien garde des Sceaux, Jean Foyer- figureront au premier rang des adversaires de l'IVG.

La nécessité ne fait pas toujours la loi. Pas tout de suite, au moins. Après le manifeste où, en avril 1971, 343 femmes (actrices, universitaires, écrivaines reconnaissent s'être fait avorter - « les 343 salopes », se baptisaient-elles), - après le procès de Bobigny en novembre 1972 où Gisèle Halimi obtiendra un non-lieu pour une mineure et sa mère, il avait fallu plusieurs années encore pour que l'avortement passe du scandale et du prétoire au Parlement. Entre temps, avait joué le formidable accélérateur de l'élection présidentielle qui avait convaincu le nouveau chef de l'État que certaines réformes ne pouvaient être éludées plus longtemps.

Dans son exposé des motifs, le projet de loi adopté par le gouvernement le 13 novembre 1974 estime à la fois « impossible de faire subir (aux femmes ayant recours à l'avortement) les lourdes sanctions pénales prévues par le décret-loi du 29 juillet 1939 » et de tolérer « le désordre politique, social et moral » qui résulte d'une législation devenue caduque. En conseil des ministres, VGE parle d'ailleurs « d'hypocrisie et d'anarchie » en assignant au texte gouvernemental de « mettre fin à une situation de désordre et d'injustice en apportant une solution mesurée et humaine à un des problèmes les plus difficiles de notre temps ».

À cette fin, le projet autorise l'avortement avant la fin de la dixième semaine de grossesse, mais requiert une série de précautions et impose des limites strictes : accord d'un médecin (le projet Messmer en prévoyait deux), intervention dans un établissement de santé public ou privé, aval de deux médecins au delà de la dixième semaine, liberté de conscience des praticiens, tarifs plafond (pour écarter les dérapages financiers), pas de remboursement par la Sécurité sociale (sauf pour les avortements thérapeutiques), répression de la publicité (pour éviter la « spécialisation » d'établissements et de médecins avorteurs).

Une loi à l'essai

Simone Veil, devant l'Assemblée Nationale, confirme l'ampleur du fléau. « Nous ne pouvons plus, souligne-t-elle, fermer les yeux sur les 300 000 avortements qui mutilent les femmes de notre pays, qui bafouent nos lois et qui humilient ou traumatisent celles qui y ont recours ». La ministre juge cette situation « déplorable et dramatique ». Pour tenter de rallier les parlementaires hésitants, la ministre de la Santé souligne que la durée de la loi sera limitée à cinq ans. En d'autres termes, un projet à l'essai. Des concessions qui resteront sans écho : Dans la controverse sur le droit à l'avortement qui met en jeu la morale, sinon la foi, l'intime conviction en tout cas, la passion a son rôle qui ne porte pas au compromis et à l'accommodement.

Avant l'ouverture de la discussion parlementaire, les prises de positions le laissent prévoir. À Rome, la congrégation pour la doctrine de la foi (l'ex Saint Office) rappelle que, pour l'Église catholique, « tout avortement direct doit être absolument exclu », tandis qu'à Lourdes l'Assemblée plénière des évêques répète que « tout être humain, dès sa conception, est appelé à devenir enfant de Dieu ». Voilà pour les principes qui n'excluent pas une certaine indulgence à l'égard des femmes qui céderaient à l'avortement. « Nous n'entendons aucunement juger ni condamner des personnes affrontées à des situations dramatiques », nuancent les évêques. Sans convaincre une organisation proche du catholicisme le plus traditionnel comme « Laissez les vivre » qui juge tout simplement le projet gouvernemental « monstrueux ».

Parallèlement, en affirmant « qu'on ne peut demander au corps médical tout à la fois de sauver la vie par tous les moyens et de donner la mort », l'ordre national des Médecins que préside le Pr. Lortat-Jacob, va provoquer des réactions très vives - et, d'abord, chez les parlementaires médecins - qui l'obligeront à nuancer sa condamnation initiale.

Dans le camp adverse, l'adhésion de la gauche est unanime, malgré le rejet du remboursement de l'IVG par le projet gouvernemental et les réserves sur le délai où peut intervenir l'avortement. Sous cette double limite, le PS ne marchande pas son adhésion de principe. Et aussi les communistes qui ont beaucoup évolué depuis le temps où Jeannette Vermeersch-Thorez, autorité naguère reconnue du parti en matière de droits des femmes, dénonçait dans le contrôle des naissances « un piège de la bourgeoisie ».

De leur côté, les diverses obédiences maçonniques dont les « frères » et les « sœurs » sont très présents dans les initiatives de soutien aux femmes qui avortent (le Planning familial et le MLAC, par exemple) approuvent activement la démarche du gouvernement Chirac. Quitte, pour le MLAC, à dénoncer dans le refus de rembourser l'IVG « une mesure de classe ».

De même, les différents syndicats, la CGT comme la CFDT, Force Ouvrière et la Fédération de l'Éducation Nationale parlent de « progrès ». Position que partage également la Fédération protestante de France quand elle demande une libéralisation de la législation sur l'avortement et lorsque le Pr de morale à la Faculté de théologie de Paris, le pasteur Dumas, appelle « une loi qui ferait honneur à notre pays ».

Autant d'attitudes (ou voisines) qui se retrouveront dans le vase clos du Palais Bourbon où Simone Veil siège bien seule au banc du gouvernement. En dehors du Premier ministre présent à l'ouverture de la discussion parlementaire, et de la secrétaire d'État à la condition féminine, Françoise Giroud, les ministres se montrent discrets, et même davantage. Le très catholique Garde des Sceaux, Jean Lecanuet, s'est excusé, en déplacement à Bruxelles, ce qui fait jaser. Même si le ministre de la Justice prendra la parole en fin de débat pour faire valoir « (son) entière solidarité » avec le gouvernement, spécialement avec la ministre de la Santé. « La loi de 1920 n'est plus applicable, critique-t-il. Voilà la dure réalité ». Et la raison de son adhésion à la réforme gouvernementale.

Après le rapport du président UDR de la commission des affaires sociales et familiales, le Dr Henry Berger (Côte d'Or), pour qui « personne n'est obligé d'user d'une liberté hostile à ses principes », Simone Veil reconnaîtra que « personne ne peut éprouver une satisfaction profonde à défendre un texte sur un tel sujet ». L'ambition du projet gouvernemental, la ministre la définit par un triple qualificatif, « réaliste, humain et juste ». Avant de conclure sur un message d'optimisme : « l'histoire nous montre que les grands débats qui ont divisé un moment les Français apparaissent avec le recul du temps comme une étape nécessaire à la formation d'un nouveau consensus social, qui s'inscrit dans la tradition de tolérance et de mesure de notre pays ».

Aux côtés de Simone Veil, trois anciens ministres gaullistes défendront fermement les droits des femmes. Albin Chalandon (Hauts de Seine) qui met en garde Simone Veil contre la tentation des arrangements. « En altérant (le projet sur l'IVG), explique-t-il, vous perdrez des partisans sans rallier des adversaires ». Le Dr Pons (Lot), lui, dénonce « les pressions intolérables et inadmissibles (de l'ordre des médecins) qui se couvrent du voile de la respectabilité ». Avec l'accord de Françoise Missoffe (Paris) pour qui « fermer les yeux » (sur les réalités de la société) est lâche et injuste ».

Des voix isolées au sein du groupe UDR, on le constatera lors du vote final, et que combattent la plupart des orateurs gaullistes : Michel Debré, d'abord, qui voit dans « le respect de la vie de l'homme le premier temps du respect de la liberté » et pour qui « la maternité exige non seulement soutiens, mais encouragements dans l'intérêt de la famille, de la nation et de la France ». Avec l'ancien Premier ministre, la raison d'État n'est jamais loin.

Dans le même sens, le président de la commission des Lois et député du Maine-et-Loire, Jean Foyer, souligne que « le grand défaut (du texte en discussion) est que le gouvernement se préoccupe davantage des femmes qui veulent supprimer leur enfant que de celles qui voudraient le conserver », avant de dénoncer les « avortoirs » que promet la future loi. Plus violent encore, Hector Rolland (Allier) affirme que « le choix (que propose Simone Veil) est celui du génocide ». Un propos qui provoque dans l'hémicycle ce qu'il est convenu d'appeler des « mouvements divers ».

Division aussi - mais inégale, comme chez les élus gaullistes- parmi les députés giscardiens, réputés les plus proches du chef de l'État, mais qui, dans leur majorité, ne le suivront pas sur l'IVG. Si le président du groupe Républicain Indépendant, Roger Chinaud (Paris), explique que « le fond du débat est de savoir si nous voulons reconnaître qu'une loi qui n'est pas appliquée depuis 54 ans est tombée en désuétude », la plupart des intervenants giscardiens rejoignent les orateurs gaullistes dans le camp du refus. Ainsi Emmanuel Hamel (Rhône) qui, après avoir fait entendre les battements de cœur d'un fœtus, décide que « le corps de la femme lui appartient, mais non le corps qu'elle porte en elle ». Et qu'elle ne peut, par conséquent, en disposer.

Au contraire, le député réformateur de Lyon (et ancien dignitaire gaulliste) Jacques Soustelle relève que « le choix (…) n'est pas d'être pour ou contre l'avortement, mais pour ou contre l'avortement clandestin ». Une analyse à laquelle souscrit l'élu communiste Jack Ralite (Seine Saint Denis) quand il remarque « qu'une loi libérale ne réglera pas le problème social de l'avortement, mais, du moins, mettra un terme à l'odieux avortement clandestin ».

Remboursement or not remboursement ?

À gauche, les intervenants s'efforcent en priorité d'amender le texte du gouvernement sur le délai de l'IVG et sur son remboursement par la Sécurité sociale. « Un projet positif, essentiel même qui consacre la pleine responsabilité de la femme, désormais maître du choix de sa maternité », analyse le principal porte-parole du groupe socialiste Jacques-Antoine Gau (Isère), tout en insistant sur ses lacunes. À l'instar du communiste Jacques Chambaz (Paris) qui voit dans le rejet du remboursement « une discrimination par l'argent ».

Cette offensive ne fléchit pas Simone Veil, soucieuse avant tout de désarmer les critiques de la majorité parlementaire sur « l'avortement de complaisance », et pour qui seule l'IVG thérapeutique doit être financée par la Sécurité Sociale.

En marge du débat, certains médecins estiment à 100 000 le nombre d'IVG déjà remboursées par la S.S., avortements incomplets ou avortements clandestins. Quant au coût de l'avortement, les chiffres les plus contradictoires sont avancés, qui varient de un à cinq ou six : 500 francs, au minimum, annoncent les plus modérés, 850 francs, rectifie le député socialiste de la Savoie, Jean-Pierre Cot, dans son intervention à la tribune. Alors que certains praticiens demanderaient jusqu'à 3000 francs, voire davantage...

Sans persuader pour autant les opposants de la nécessité de légiférer pour prendre en compte une réalité où l'argent fait -si on ose dire- bon marché des grands principes. À cet égard, la réflexion de Jean Foyer est édifiante. « Il ne faut pas, objecte l'ancien ministre, que le vice du riche devienne le vice du pauvre ». Aux privilégiées, le confort douillet de cliniques helvètes, aux pauvres les classiques aiguilles à tricoter de la concierge...

Dans un climat, certes moins conflictuel, les mêmes clivages se retrouveront au Sénat dans le débat qui s'engage deux semaines plus tard, le 13 décembre. Simone Veil, qu'entourent cette fois cinq autres membres du gouvernement, dont Jacques Chirac lui-même défend « sa » loi sans plus de concession que devant les députés. Sauf à répéter la volonté de l'Élysée et de Matignon de promouvoir une politique familiale qui enraye le déclin démographique, cheval de bataille de Michel Debré. Tandis qu'en écho à l'ex Premier ministre, le sénateur gaulliste du Nord, Maurice Schumann, développe les dangers de l'IVG pour la natalité, l'élu radical de gauche du Lot et Garonne, Henri Caillavet, apporte à Simone Veil le soutien de la « Fraternelle parlementaire » (qui regroupe les francs-maçons des deux assemblées). Jean Lecanuet, comme il l'avait fait au Palais Bourbon, assure, après l'inévitable référence à sa foi catholique, que « le devoir d'un Garde des Sceaux est de définir un droit qui correspond aux réalités ».

Comme à l'Assemblée nationale, les 182 sénateurs qui approuvent le projet de loi viennent en majeure partie de la gauche (socialistes, communistes, « gauche démocratique »). Les 91 opposants, en revanche, se recrutent dans la majorité parlementaire (UDR, centristes et indépendants).

La loi de cinq ans, promulguée le 17 janvier 1975, deux jours après le rejet par le Conseil constitutionnel du pourvoi formé par Jean Foyer et 76 députés, revient devant le Parlement à l'initiative du gouvernement Barre les 17 et 18 novembre 1979. À cette différence près que, à la place de Simone Veil devenue entre temps présidente de l'Assemblée européenne de Strasbourg, le texte législatif sera défendu par la ministre de la Condition féminine, Monique Pelletier, dans un climat qui, à défaut d'être apaisé, apparaît moins convulsif.

Valéry Giscard d'Estaing y contribue : dans une interview au quotidien catholique « La Croix », le chef de l'État souligne que « la loi sur l'IVG n'a qu'un objectif social et que, d'ailleurs, la famille idéale est celle d'au moins trois enfants ». En clair, que l'Église catholique accepte une réforme qui ne met pas en danger la natalité française.

Au demeurant, le gouvernement peut se sentir encouragé par l'opinion dont le regard sur l'IVG se modifie. Selon un sondage, 64 % des Français se déclarent désormais acquis à la réforme initiée cinq ans auparavant. À l'appui, le président de l'Institut d'études démographique, Gérard Calot, tient à le souligner : selon lui, « il est inexact d'affirmer que la loi de 1975 soit directement responsable de la chute de la natalité ».

Il faudra l'intervention de Michel Debré pour retrouver un peu des accents de l'automne 1974. « La volonté du législateur a été bafouée pendant cinq ans, » s'indigne l'ancien chef du gouvernement pour qui une authentique législation familiale fait toujours défaut, sans que jouent les garde-fous à l'avortement prévus par la loi Veil.

La gauche, elle, se mobilise à nouveau en faveur du remboursement de l'IVG. En vain : il faudra attendre la loi Roudy de 1982 pour l'obtenir (en dépit, d'ailleurs, des réserves de François Mitterrand). Socialistes et communistes n'ont pas davantage satisfaction sur le délai à retenir pour le droit à l'IVG : 12 semaines, demandent les élus communistes (au lieu de dix dans la loi Veil) ; 14 semaines, réclament les parlementaires socialistes. L'expectative se prolongera jusqu'en 2001 où une loi Jospin portera ce délai de 10 à 12 semaines.

Le vote final de l'Assemblée -271 voix contre 201- confirme, pour l'essentiel, l'état des forces de novembre 1974, avec un léger recul des élus favorables et une progression parallèle des opposants, mais un apport toujours majoritaire des députés de gauche. Une surprise cependant : comme le souligne VGE, Jacques Chirac, redevenu député de la Corrèze, vote contre le projet de libéralisation de l'avortement déposé et défendu en 1974 par le gouvernement qu'il dirigeait[61].

Une autre surprise viendra du Sénat où l'adoption de plusieurs amendements restrictifs amène les élus du PS à s'abstenir dans le vote final en entraînant du même coup, le rejet du texte par 113 voix contre 101 (mais 73 abstentions, principalement socialistes). Heureusement pour le sort de la loi, l'approbation en Commission mixte paritaire de précisions significatives sur les conditions de l'IVG dans le secteur public (en raison du refus de nombreux praticiens hospitaliers de pratiquer l'avortement) permet aux parlementaires socialistes de s'associer au vote définitif de la loi dans les deux Assemblées.

Au terme de cinq années de controverses souvent ardentes, la loi définitive sera promulguée le 31 décembre 1979 et publiée au *Journal Officiel* le 1er janvier 1980.

À défaut de transformer la Ve République, la loi Veil change la vie des femmes dans la République et aligne le droit en France sur la législation en vigueur dans la plupart des autres pays d'Europe.

---

[61] Valéry Giscard d'Estaing dans *Le pouvoir et la vie*, tome 3 de ses Mémoires, Choisir Cie 12, (p.135.) *Journal officiel*, Assemblée Nationale. Première séance du 19 décembre 1969 (p. 12 301).

CHAPITRE 9

10 mai 1981
LA Ve RÉPUBLIQUE SE DONNE UN PRÉSIDENT DE GAUCHE

Quand le 10 mai 1981, à 20 heures, le visage du nouveau Président de la République s'inscrit sur les écrans de télévision, François Mitterrand franchit une étape décisive dans le combat politique qu'il a engagé dès le début de la V° République en 1958. Et singulièrement depuis l'élection présidentielle de 1965, la première où les électeurs désignent le chef de l'État au suffrage universel. Avec François Mitterrand et après 23 ans, le temps d'une génération, la gauche revient aux « affaires » au sommet de l'État.

À défaut d'être un triomphe, la victoire du candidat socialiste sur Valéry Giscard d'Estaing est nette : François Mitterrand recueille 51,82 % des suffrages contre 48,17 % au président sortant qui l'avait emporté sur son adversaire le 19 mai 1974 par 50,66 % contre 49,33 %. Au total, 15 688 930 suffrages vont au leader socialiste contre 14 584 022 à son concurrent de droite (alors que, sept ans, plus tôt, VGE triomphait plus modestement avec 13 314 640 suffrages contre 12 946 642).

Pour François Mitterrand, son succès est le couronnement d'une lutte qu'il mène sans relâche depuis un quart de siècle contre la politique gaulliste dont il aura été le détracteur impitoyable - « le coup d'État permanent », écrira-t-il- avant de s'imposer à la tête de l'État. Longtemps seul ou presque, candidat sans troupes à la magistrature suprême en 1965, victorieux au congrès socialiste d'Épinay en juin 1971, son parcours du combattant, de la signature du programme commun de gouvernement un an plus tard à la conquête de l'Élysée, aura été un *blitzkrieg* continu au service d'un dessein permanent, l'Élysée pour le gagner et pour le garder.

Avant d'y réussir, les échecs non plus n'ont pas manqué à François Mitterrand : il est battu de peu par Giscard en mai 1974, la gauche est défaite à nouveau aux législatives de 1978, la polémique s'installe durablement entre socialistes et communistes jusqu'en 1981[62]. À chaque fois, le n° 1 socialiste a rebondi en faisant de ses revers un tremplin pour demain. Avec une ténacité qui ne peut se comparer qu'à celle du général de Gaulle.

Après dissolution de l'Assemblée nationale élue en mars 1978, les Français confirment en juin 1981 leur verdict présidentiel en envoyant au Palais-Bourbon une majorité rose horizon franche et massive (329 députés de gauche, dont 283 pour les seuls socialistes et radicaux de gauche et 44 communistes sur 491). Le nouveau chef de l'État a les moyens de gouverner.

Dans les mois précédant le scrutin présidentiel, l'élection de François Mitterrand pourtant apparaissait douteuse. Vainqueur de son duel avec Michel Rocard au sein du PS, le candidat qui briguait l'Élysée pour la troisième fois doit une bonne part de son élection à l'affaiblissement de VGE et aux divisions de la droite. « L'affaire des diamants » que lui aurait remis l'empereur centrafricain Bokassa altéra l'image de Giscard dans l'opinion de droite, réservée également sur certaines de ses initiatives, avortement et majorité à 18 ans, par exemple.

En même temps que Giscard échouait à élargir ses assises politiques[63], sa rupture progressive avec Jacques Chirac, son Premier ministre de juin 1974 à août 1976 devait le priver du soutien décisif d'une partie de l'électorat RPR dont l'appoint lui

---

[62] Voir « 1972-1981. L'union de la gauche est un combat ». (p. 69).
[63] À l'élection présidentielle de 1969, Georges Pompidou avait rallié les centristes de Jacques Duhamel, Pierre Méhaignerie, Jacques Barrot et Bernard Stasi. VGE réussit la même opération en 1974 avec le Centre Démocrate de Jean Lecanuet et Pierre Abelin. En revanche, Giscard échoua en 1981 avec les radicaux de gauche (dont il nomma le leader, Robert Fabre, médiateur de la République).

était indispensable pour l'emporter au second tour du scrutin présidentiel[64].

Que le 10 mai ait pu être autant une défaite de Valéry Giscard d'Estaing qu'une consécration pour son vainqueur de gauche, peu importe. Élu, et élu avec un écart supérieur à un million de suffrages, François Mitterrand trouvait dans cette victoire la reconnaissance de sa longue marche pour la conquête du pouvoir.

Un parcours semé d'avancées et de reculs, dont les péripéties contrastées s'inscrivent dans une démarche de près d'un quart de siècle.

* le **19 décembre 1965**, François Mitterrand, candidat unique de la gauche, avec l'aval de Pierre Mendès-France, le soutien de la SFIO, l'appui des communistes (et même le ralliement sans enthousiasme du PSU) réunit 45,50 % des suffrages contre 54,50% au général de Gaulle au second tour de l'élection présidentielle. Il avait obtenu 32,23 % des voix le 5 décembre.

Dans la foulée de son succès, le député de la Nièvre fonde la Fédération de la gauche démocrate et socialiste qui réunit la SFIO de Guy Mollet, les radicaux de René Billères et la Convention des Institutions Républicaines qui regroupe sa garde rapprochée.

* **Aux législatives des 4 et 11 mars 1967**, la majorité gaulliste garde d'extrême justesse la majorité absolue à l'Assemblée nationale avec 246 sièges sur 489. En se

---

[64] Dans *le Pouvoir et la Vie*, tome 3 de ses Mémoires *Choisir*, VGE publie le compte rendu de sa conversation avec François Mitterrand le 15 décembre 1995 où son vainqueur de 1981 estime à 550 000 voix l'apport des électeurs chiraquiens à sa candidature du second tour (p. 523-31). « Jusqu'en 1980, vous étiez imbattable », lui aurait assuré François Mitterrand qui confirme avoir rencontré Jacques Chirac au domicile d'Edith Cresson en octobre 1980. « Il faut nous débarrasser de Giscard », aurait dit le maire de Paris au leader socialiste. À l'appui, VGE cite la circulaire adressée entre les deux tours par Philippe Dechartre, un proche de Jacques Chirac, et ancien ministre du général de Gaulle et de Georges Pompidou, qui se conclut par cette recommandation aux militants RPR : « En toute confiance dans l'avenir (…), je vous demande de voter le 10 mai contre M. Giscard d'Estaing. C'est la condition du renouveau de notre pays » (p. 533-534).

prononçant pour la gauche au second tour, les électeurs du Centre démocrate de Jean Lecanuet ont provoqué la défaite de nombreux sortants dont plusieurs ministres (Maurice Couve de Murville et Pierre Messmer, par exemple). La Fédération de la gauche fait élire 118 députés (au lieu de 91 en 1962) et les communistes en ont 73 (contre 41 cinq ans plus tôt).

* Mai 68 déstabilise François Mitterrand. Entre les contestataires étudiants, la CGT et les communistes coalisés contre « les groupuscules » et « l'anarchiste allemand Cohn-Bendit », la FGDS, réalité surtout parlementaire, ne trouve pas de rôle, François Mitterrand non plus. Sa candidature à contre temps pour l'Élysée le place en porte à faux, tandis que la dissolution de l'Assemblée et les législatives du mois de juin désignent une chambre introuvable où François Mitterrand se retrouve isolé, même de ses anciens amis de la FGDS.

Dans cette majorité, les gaullistes s'adjugent la part du lion (294 sièges) alors que les fédérés perdent plus de la moitié de leurs députés (57 sièges contre 118), les communistes également (34 députés au lieu de 73) et les centristes d'opposition presque autant (27 élus contre 42).

* En juin 1969, l'impopularité de François Mitterrand au sein même de la gauche l'oblige à laisser passer son tour dans l'élection présidentielle qui suit la démission du général de Gaulle. Dans le face à face entre l'ancien Premier ministre gaulliste Georges Pompidou et le président centriste du Sénat Alain Poher, le premier triomphe aisément avec 57,58 % des suffrages sur le second (42,41 % des suffrages). Au premier tour, le communiste Jacques Duclos a obtenu un net succès (21,52 % des suffrages) alors que le tandem Defferre-Mendès n'en recueille que 5,07 % et le PSU Michel Rocard 3,66%.

Le brillant second

Dix ans après la naissance de la V° République, la gauche non communiste est au creux de la vague. Alain Peyrefitte, l'ancien ministre de l'Éducation Nationale de mai 1968, croit même pouvoir affirmer : « Si nous ne faisons pas de bêtises, nous sommes au pouvoir pour 30 ans... ».

* **Au congrès d'Épinay (juin 1971)**, François Mitterrand, avec le concours de Gaston Defferre et de Pierre Mauroy, avec l'appui également du CERES de Jean-Pierre Chevènement, reprend la main et ne la lâchera plus. Il l'emporte sur la coalition Savary-Mollet-Poperen et devient le n° 1 du nouveau PS. Pour la première fois depuis la rupture de mai 1947 et la guerre froide, les socialistes se prononcent en faveur d'une politique d'union avec les communistes. Avec une différence entre les deux courants d'Épinay : la majorité de François Mitterrand veut explorer les voies d'un programme commun alors que la minorité Savary-Mollet le subordonne à un débat idéologique préalable[65].

* **Le 27 juin 1972**, un **programme commun de gouvernement** associe socialistes et communistes. Le lendemain, devant l'Internationale socialiste, François Mitterrand défend l'idée d'un « grand parti socialiste » sur le terrain occupé par les communistes. Ainsi s'affirme la stratégie de conquête du pouvoir de François Mitterrand et du nouveau PS fondée sur un affrontement avec la droite gaulliste (et libérale) et une union critique avec les communistes pour rallier le marais à la gauche et gagner le pouvoir

Le 7 juillet, les radicaux de Robert Fabre signent le programme commun.

* **Aux législatives des 4 et 11 mars 1973**, la gauche désormais unie remporte un premier succès. Sans mettre en danger la majorité gaullistes-républicains indépendants, communistes et socialistes doublent leur représentation parlementaire (73 sièges pour le PCF contre 34, 102 sièges pour le PS et le MRG contre 57 en 1968).

* **Le 5 mai 1974**, François Mitterrand, à nouveau candidat unique de la gauche à l'Élysée, obtient 43,5 % des voix au

---

[65] Voir « 11-13 juin 1971. Les socialistes entament à Épinay leur longue marche vers le pouvoir (p. 57).

premier tour et 49,33 % au second tour où il doit s'incliner de 367 998 voix devant Valéry Giscard d'Estaing.

* **Aux Assises du socialisme** qui suivent cet échec prometteur, Michel Rocard et Jacques Delors rejoignent le PS. Avec l'ancien secrétaire national du PSU et l'ex-conseiller social de Jacques Chaban-Delmas à l'Hôtel Matignon, ce sont deux figures emblématiques de la « deuxième gauche » qui adhérent au parti de François Mitterrand qui les accueille sans enthousiasme excessif. Désormais, le PS devient le parti de tous les socialistes (hormis les socialistes unifiés qui ne suivent pas Michel Rocard). Aux six législatives partielles d'octobre, le succès des candidats PS (dont deux sont élus contre d'anciens ministres de Pierre Messmer) initie le procès des communistes contre leurs partenaires accusés de « virer à droite ».

* **Les municipales des 13 et 20 mars 1977** marquent un sommet pour l'union de la gauche. Malgré le succès à Paris de Jacques Chirac qui devient maire de la capitale après l'avoir emporté au premier tour sur les listes giscardiennes conduites par Michel d'Ornano, socialistes et communistes enlèvent 159 des 221 municipalités de plus de 30 000 habitants contre 103 en 1971. Si la majorité RPR-giscardiens conserve Paris, Lyon, Toulouse, Nice, Strasbourg, Rouen, elle perd Nantes, Bourges, Le Mans, Montpellier, Rennes, Brest, Conflans Sainte-Honorine (pour Michel Rocard), Villeurbanne qui passent à gauche.

Principaux bénéficiaires de ce rejet de la droite, le PS enlève 81 mairies de grandes cités (+ 35). Les communistes eux aussi arrondissent sensiblement leur pécule municipal qui, pour les villes de 30 000 habitants et plus, progresse de 50 à 72. Le PCF garde Amiens, Le Havre, Calais, Nîmes, Vénissieux et enlève Reims, Saint-Quentin, Saint-Etienne, Montluçon, Châlons-sur-Saône, Tarbes.

* **La zizanie s'installe à gauche** tandis que le diagnostic se confirme : en dépit des succès qui doivent beaucoup à l'implantation de ses notables, le parti de Georges Marchais n'est plus que le brillant second au sein de la Gauche. Dans un climat de procès permanent, les communistes exigent début

1977 une révision du programme commun qui actualise le projet de 1972, en matière de nationalisations notamment. Suivent deux mois de négociations entre experts des trois formations de gauche, avant les deux « sommets » des 14 et 22 septembre. Sans succès : Communistes, socialistes et radicaux de gauche campent sur leurs positions et constatent la rupture[66].
* La crédibilité de la gauche est atteinte devant l'opinion. L'habileté de François Mitterrand consistera à faire endosser la responsabilité du divorce aux seuls communistes et à convaincre « le peuple de gauche » de la volonté du PS de ne pas céder à leurs exigences au nom de la fidélité aux engagements du programme de 1972. Une démonstration décisive pour la fraction de l'opinion disposée à suivre la gauche, mais attentive à écarter le risque du « coup de Prague » qui, en 1948, avait fait basculer la Tchécoslovaquie dans le camp des démocraties populaires.

* Aux législatives des 12 et 19 mars 1978, malgré le procès permanent instruit par le parti de Georges Marchais, les socialistes sont confirmés le 12 mars comme le premier parti de gauche (avec 24,18 % des suffrages face aux 20,62 % qui vont aux communistes). Le 19 mars, la majorité RPR-UDF cède un peu de terrain (10 sièges en moins), mais gagne néanmoins avec 290 sièges (contre 201 à la gauche). Socialistes et communistes progressent presque également (+12 sièges pour les communistes et +9 sièges pour les socialistes), mais le PS compte davantage d'élus (104 députés) que le PCF (86 députés).

Dans la majorité, le RPR créé par Jacques Chirac en décembre 1976 pour regrouper ses partisans peut se targuer d'avoir davantage de députés (153) que l'ensemble giscardien de l'UDF (137). Même si le RPR perd 20 élus et si les giscardiens en gagnent 10.

Le constat demeure néanmoins : alors que la gauche, au lendemain de son triomphe aux municipales, semblait promise à la victoire pour les législatives, elle piétine aux portes du

---

[66] Voir « 1972-1981. L'union de la gauche est un combat » (p. 69).

pouvoir, sans franchir le pas décisif. Michel Rocard en prend acte en posant ouvertement sa candidature à la succession de François Mitterrand, et en ébauchant une orientation politique qui rejoint l'évolution réformiste des sociaux-démocrates allemands depuis leur congrès de Bad-Godesberg de 1959.
* **Le PS en question**. On ne parle pas encore d'éléphants, mais de petites phrases assassines en conflits de courants, d'insinuations plus ou moins transparentes en rivalités de dirigeants, s'ouvre pour le PS une période de turbulences qui durera trois ans. Dans la bataille interne qui accompagne la défaite de 1978, la rupture entre François Mitterrand et Pierre Mauroy (ou, davantage, entre le maire de Lille et les proches du 1er secrétaire) scelle une alliance Rocard-Mauroy qui échoue cependant à gagner la majorité au congrès de Metz (avril 1979). Comme à Épinay, François Mitterrand retrouve des alliés au CERES de Jean-Pierre Chevènement.

Le combat des chefs

Si Georges Marchais et son parti continuent sans relâche le harcèlement de François Mitterrand et des socialistes en espérant reconquérir le terrain perdu sur le PS, les relations toujours plus conflictuelles à droite entre le Président Giscard d'Estaing et son ex-Premier ministre Jacques Chirac dynamisent les chances de la gauche de gagner dans la course à l'Élysée qui s'annonce. Dans cette perspective, les anciens et futurs concurrents se battent sur deux fronts sans que ni l'un ni l'autre ne prennent un avantage décisif dans son propre camp. Au PS, Michel Rocard joue « le parler vrai » qui lui vaut l'adhésion de beaucoup dans les couches moyennes, ingénieurs, techniciens, cadres qui occupent une place toujours accrue dans la société des « trente glorieuses ».

Parallèlement, Raymond Barre, le successeur de Jacques Chirac à Matignon, se heurte à l'hostilité incessante des députés RPR et doit, pour éviter d'être mis en minorité, utiliser de façon répétée la parade de l'article 49.3 de la Constitution[67]. Mieux, le maire de Paris, à l'occasion de la consultation européenne du 10 juin 1979, oppose une liste RPR à celle que patronne le chef de l'État et que conduit Simone Veil. Dans « l'appel de Cochin » (où il est hospitalisé à la suite d'un accident) Jacques Chirac dénonce « le parti de l'étranger » où on reconnaît celui du président, l'UDF.

Résultat : sur les 81 sièges au Parlement de Strasbourg dévolus à la France, l'UDF en compte 25, les socialistes (et les radicaux de gauche) conduits par François Mitterrand 22, les communistes avec à leur tête Georges Marchais 19 et la liste pour « la Défense des Intérêts de la France en Europe », celle de Jacques Chirac et Michel Debré, 15. Georges Marchais se félicite du résultat : « Nous avons commencé à réduire l'écart qui nous sépare du PS », constate le leader communiste (3 % contre 4,15 % aux législatives de mars 1978). De toute façon, l'ampleur de l'abstention (40 %) relativise la leçon du scrutin.

À fleurets pas toujours mouchetés, le « combat des chefs » Mitterrand-Rocard se polarise sur la candidature à l'Élysée. Pour rallier les militants, l'ancien dirigeant PSU mise sur les sondages qui laissent envisager une victoire de la gauche s'il est son candidat, même si VGE paraît conserver les meilleures chances de se succéder à lui-même.

Conviction que François Mitterrand ne se hasardera pas dans une troisième candidature plus que douteuse ou faute tactique qui se révélera déterminante ? Pour s'exonérer du reproche de vouloir disputer au refondateur du socialisme la place qu'il s'est acquise, Michel Rocard s'est engagé dès le congrès de Metz à s'effacer devant lui en cas de nouvelle

---

[67] Selon l'article 49, alinéa 3, est « considéré comme adopté (un texte sur lequel le Premier ministre engage devant l'Assemblée nationale la responsabilité du gouvernement) sauf si une motion de censure, déposée dans les vingt-quatre heures qui suivent est votée » (à la majorité absolue des députés). Un exercice difficultueux qui explique que la censure n'ait été adoptée qu'une seule fois depuis le début de la Ve République, le 5 octobre 1962, à l'issue du débat sur l'élection du président de la République au suffrage universel. Voir « 28 octobre 1962. Le Président des notables devient le président des citoyens » (p. 21).

candidature. Cette loyauté trouve ses limites dans le dilemme que s'emploient à répandre les partisans du député des Yvelines : vaut-il mieux perdre avec François Mitterrand que gagner avec Michel Rocard ?

Le duel attendu entre les deux hommes n'aura pas lieu. Longtemps silencieux sur ses intentions (mais, peut-être aussi, hésitant), François Mitterrand se déclare en novembre 1980 à un moment où la majorité du PS paraît prête à céder à la pression des sondages en faveur de son rival. Le 1er secrétaire descend à nouveau dans l'arène et pose sa candidature. Michel Rocard a perdu son pari et retire la sienne. Le 24 janvier 1981, à Créteil, les congressistes plébiscitent François Mitterrand en lui donnant 84 % des mandats fédéraux. Dans un hommage œcuménique à ses « camarades », le candidat associe Pierre Mauroy (son futur Premier ministres), Alain Savary (son ancien rival d'Épinay), Lionel Jospin (qui lui succède à la tête du PS) et même Michel Rocard (son concurrent tenace au sein du parti) à qui il prédit un bel avenir et qui deviendra sept ans plus tard le premier Premier ministre de son second septennat…

Les « **110 propositions pour la République** » adoptées à Créteil résument le bréviaire gouvernemental des socialistes et précisent en particulier les mesures sociales (revalorisation du SMIC, augmentation des allocations familiales, majoration des petites retraites, par exemple), et les décisions économiques (nationalisations et relance sélective, notamment) qui fourniront la trame des premières réformes de la gauche au pouvoir.

Pour autant, voir dans la campagne présidentielle de 1981 un simple remake de celle de 1974 serait inexact. Si les protagonistes sont les mêmes, jusque dans leur duel télévisé[68], si François Mitterrand qui est entré en lice pour la première fois en 1965 ne fait pas figure spontanément d'incarnation du renouveau, le président-candidat peine à se dégager d'une image

---

[68] En 1974, la réflexion de VGE, « M. Mitterrand, vous n'avez pas le monopole du cœur », tourna à l'avantage du candidat de la droite. En 1981, la réplique de François Mitterrand à Giscard qui le taxait d'homme du passé, « Vous, vous êtes l'homme du passif », renforça le candidat de la gauche.

de grand-bourgeois qui pense se mettre au niveau des électeurs quand il s'invite à dîner chez l'habitant ou reçoit des éboueurs à l'Élysée. Au surplus, VGE est desservi par l'impopularité de Raymond Barre, son Premier ministre depuis un lustre, à qui Giscard a fait une réputation de « premier économiste de France », mais dont le bilan est jugé médiocre par de nombreux Français. Au reste, « gouverner au centre », comme le souhaite le chef de l'État relève surtout de l'incantation, et ses efforts d'ouverture en direction des radicaux de gauche tournent court.

À l'inverse, la candidature de Georges Marchais contribue à renforcer la crédibilité politique du dirigeant socialiste. Certes, le score de François Mitterrand au premier tour (25,90 %) est en net recul sur 1974 lorsqu'il était le candidat unique de la gauche (43,35 %). En revanche, le représentant du PS devance largement Georges Marchais qui, avec 15,42 % des suffrages, recule de manière significative sur le score de Jacques Duclos au premier tour de la présidentielle de juin 1969 (21,52 %) et sur la moyenne des candidats communistes aux législatives sous la Ve République (20 % au moins et souvent davantage). Dans la concurrence engagée entre socialistes et communistes depuis la signature du programme commun, le n° 1 du PS remporte la mise, refaire un parti socialiste qui devance fortement le PCF. Ceux qui hésitent à voter à gauche le savent désormais, l'élection de François Mitterrand à l'Élysée ne signifie pas, comme le dit le giscardien Michel Poniatowski, que « les chars soviétiques bivouaqueront le 15 août place de la Concorde ».

Avant de livrer bataille contre Valéry Giscard d'Estaing, François Mitterrand a gagné contre Michel Rocard devant les militants socialistes et contre Georges Marchais au sein de l'électorat de gauche. Un parcours à épisodes multiples qui, depuis les assises d'Épinay, aura demandé une décennie pour aboutir et vingt-trois ans depuis l'installation de la Ve République.

CHAPITRE 10

9 octobre 1981
LA FRANCE ENVOIE LA GUILLOTINE AU MUSÉE

La voix de Robert Badinter s'élève dans l'hémicycle du Palais-Bourbon pour une ultime objurgation : « J'ai l'honneur, au nom du gouvernement de la République de demander à l'Assemblée Nationale d'abolir la peine de mort ».
Tout est dit. Au terme d'une intervention qui n'aura laissé aucun député indifférent, une ovation salue le Garde des Sceaux du gouvernement Mauroy que les députés de gauche applaudissent généreusement. Debout.

Le 18 septembre 1981 - par 369 voix contre 113 - les parlementaires envoient la guillotine au Musée (littéralement, puisqu'elle a trouvé asile au Musée des Arts et traditions populaires !) Un vote franc et même massif qui transcende les étiquettes politiques puisque le verdict final ajoute aux 283 élus socialistes et aux 44 communistes, 16 RPR (dont Jacques Chirac), 21 UDF et 5 non-inscrits. Les 113 opposants se recrutent au RPR (68 députés), à l'UDF (38) et parmi les non-inscrits (7). Un seul socialiste, élu de la Haute-Garonne, a voté contre l'abolition, mais plusieurs députés de gauche qui s'étaient déclarés hostiles se sont inclinés par discipline.

Une décision acquise à l'issue d'un débat passionné où partisans et adversaires de la peine de mort ont repris l'essentiel des arguments échangés depuis deux siècles.

Pendant 190 ans, la guillotine aura servi sous cinq Républiques, deux Empires et deux monarchies. Devant l'assemblée constituante de 1791, apparemment moins préoccupée d'abolir la peine capitale que des moyens de l'exécuter, le député-médecin Joseph-Ignace Guillotin avait vanté les avantages de la machine dont il était l'inventeur : « Je vous fais sauter la tête en un clin d'œil et sans que vous éprouviez la moindre douleur », plaida-t-il sérieusement devant ses pairs.

Un décret du 25 septembre ratifia le projet de Guillotin, ce médecin humaniste qui donna son nom à une machine efficace, promise à presque deux siècles d'activité[69].

Deux siècles d'activité, deux siècles de contestation aussi : toujours, sous les différents régimes politiques que connut la France du XIXe et du XXe siècle, des personnalités, des parlementaires, des universitaires, des hommes et des femmes de lettres se sont mobilisés pour obtenir la suppression de la peine de mort. Et donc de la guillotine, parfois surnommée « la veuve » : Victor Hugo, George Sand, Léon Gambetta, Anatole France, par exemple. Sous la IIIe République, Jean Jaurès et Georges Clémenceau demandèrent l'abolition, en 1908, dans un débat mémorable à la chambre des députés. En vain, leur projet fut rejeté par 320 voix contre 201.

Régulièrement par la suite, des parlementaires, députés ou sénateurs déposèrent des propositions de loi dans le même sens, mais sans plus de résultat.

Après la dernière guerre où le gouvernement de Vichy fit fonctionner « les bois de justice » à treize reprises, les crimes de l'occupation n'incitèrent pas à l'abolition. L'offensive anti-guillotine reprit dans les années 50 avec, notamment, Albert Camus, les avocats Maurice Garçon et Albert Naud, le cinéaste André Cayatte (metteur en scène du film « Nous sommes tous des assassins »). Sans succès.

La campagne présidentielle de 1981 et, plus précisément, le passage de François Mitterrand à l'émission « Cartes sur table» d'Antenne 2 le 16 mars 1981, apportèrent aux abolitionnistes un renfort qui s'avéra déterminant.

Le débat finissait. Déjà, les opinions étaient faites : les proches du candidat socialiste à l'Élysée savaient qu'ils se

---

[69] L'Assemblée de 1791, à défaut de supprimer la peine capitale (comme le souhaitait Robespierre), limita les crimes qui la faisaient prononcer et interdit la torture.

féliciteraient du procès instruit contre la politique giscardienne. Tandis que leurs adversaires, favorables au Président-candidat Valéry Giscard d'Estaing, assureraient que non, vraiment, ils n'avaient trouvé, dans les propos du leader de la gauche, aucun argument qui mérite l'attention. Aux citoyens-électeurs d'arbitrer le 26 avril, le premier round de la compétition présidentielle. En attendant le match décisif du 10 mai.

Les dés étaient jetés ? Pas tout à fait. Une ultime question sur la peine de mort, dont les mitterrandistes ont longtemps estimé qu'elle visait à nuire à leur favori, mit François Mitterrand au pied du mur. Et sur un terrain où l'ensemble des enquêtes d'opinion rapportaient qu'une franche majorité souhaitait son maintien.

Pris de plein fouet, François Mitterrand ne chercha pas à se dérober. Au contraire, le dirigeant socialiste répondit par une profession de foi. « Dans ma conscience profonde, dans la foi de ma conscience, je suis contre la peine de mort et je n'ai pas besoin de lire les sondages qui disent le contraire : une opinion majoritaire est pour la peine de mort. Eh bien, enchaîna le dirigeant du PS, moi, je suis candidat à la présidence de la République et je demande une majorité de suffrages aux Français (…). Je ferai ce que j'aurai à faire dans le cadre d'une loi que j'estime excessive, c'est à dire régalienne ».

Et François Mitterrand conclut son propos en dénonçant « un pouvoir excessif donné à un seul homme, disposer de la vie d'autrui. Ma disposition est celle d'un homme qui ne ferait pas procéder à des exécutions capitales. En d'autres termes, Président de la République, j'exercerai systématiquement mon droit de grâce en attendant l'abolition de la peine capitale ».

Un engagement clair dont l'aboutissement logique sera la loi d'octobre 1981. Contraire à l'attitude du président Giscard d'Estaing qui, quelques jours avant la prise de position de François Mitterrand, expliquait, lui aussi à la télévision : « À l'heure actuelle, le gouvernement ne doit pas proposer au Parlement l'abolition de la peine de mort. J'estime qu'un tel changement ne peut intervenir que dans un climat apaisé ».

VGE qui, dans sa campagne présidentielle de 1974, affichait « une aversion profonde » de la guillotine considérait maintenant que l'abolition de la peine de mort n'était pas d'actualité. Qu'il était urgent d'attendre.

En revanche, le candidat gaulliste Jacques Chirac s'était, comme François Mitterrand, déclaré hostile à la peine capitale et partisan de son abolition.

Sur leur choix, François Mitterrand et Jacques Chirac sont minoritaires, et ils le savent. Si les électeurs de droite sont, pour une large part, acquis à la peine capitale, ses adeptes se recrutent également dans « le peuple de gauche ». Comme il le rappelle dans ses *Mémoires*, le futur Premier ministre socialiste, Pierre Mauroy, fut mis en minorité dans sa section lilloise sur une seule des 110 propositions du candidat Mitterrand dans sa campagne présidentielle de 1981, sur l'abolition de la peine capitale[70].

Le mouvement n'est pas homogène cependant : à l'inverse de la France profonde, des parlementaires, de plus en plus nombreux, se rallient à la suppression de la guillotine. À gauche, en dehors de rares élus socialistes réfractaires, ce choix est globalement approuvé. Mais à droite également où les sénateurs et les députés qui y souscrivent ne sont plus isolés.

Combat d'arrière-garde

Signe de cette évolution, deux ans avant l'abolition de la peine de mort, le député RPR des Vosges, Philippe Séguin, prend l'initiative en juin 1979 d'ouvrir à l'Assemblée nationale un débat public. La commission des Lois de l'Assemblée adopte son rapport en faveur de l'abolition, mais le gouvernement ne donne pas suite. En raison, dit-il, du « sentiment d'insécurité ». À l'époque, un sondage précise que 55 % des Français interrogés se déclarent favorables à la peine capitale, contre 37% seulement qui la refusent.

---

[70] Pierre Mauroy. Mémoires. *Vous mettrez du bleu au ciel*, Plon. 2003 (p. 201).

Plusieurs affaires récentes avaient conforté l'opinion dans son rejet. En septembre 1971, deux condamnés à de lourdes peines de la centrale de Clairvaux (Aube), Claude Buffet et Roger Bontemps, avaient, dans une tentative d'évasion, pris en otage un gardien et une infirmière qui furent, l'un et l'autre, égorgés. Crime atroce qui valut à tous les deux une condamnation à la peine capitale, alors même que l'instruction avait établi que Bontemps n'avait pas tué. Ses avocats, Mes Robert Badinter et Philippe Lemaire avaient en vain tenté de sauver sa tête. Me Thierry Lévy plaida avec le même insuccès pour Buffet dont la culpabilité était démontrée. Le refus de la grâce par Georges Pompidou valut aux trois avocats d'être, à l'automne 1972, parmi les derniers témoins de ce moment de notre histoire pénale qu'est l'exécution d'un homme.

Me Lévy a publié les lettres maladroites envoyées par Claude Buffet au chef de l'État[71]. De son côté, Me Badinter décrit en termes bouleversants la guillotine des deux suppliciés à la prison de la Santé au petit matin du 28 novembre 1972[72].

Toujours devant les assises de l'Aube, Robert Badinter eut plus de chance en mars 1976 où il réussit à éviter la guillotine à Patrick Henry, condamné à perpétuité pour l'assassinat de l'enfant qu'il avait enlevé. La même année, Christian Ranucci est promis à l'exécution pour le meurtre d'une fillette par les assises des Bouches-du-Rhône. Malgré la plaidoirie de Me Paul Lombard, qui évoque les incohérences du dossier et s'interroge sur le pull-over rouge retrouvé dans l'enquête qui fournira la base de leur argumentaire à ses défenseurs posthumes[73]. VGE refuse de gracier le condamné qui est guillotiné en juillet 1976, après avoir confié une mission à ses avocats : « Réhabilitez-moi ».

---

[71] Thierry Lévy donne dans *l'Animal judiciaire* (Grasset) cette définition de la peine de mort : elle n'a « pas le caractère d'une sanction, c'est une mesure d'élimination que rien ne justifie moralement, qui s'impose comme s'imposent la force et la violence ».
[72] Robert Badinter rappelle dans *L'exécution* (Fayard) que si « la guillotine a été reléguée dans les caves d'un musée et (que si) la peine de mort a disparu de nos lois, elle sévit encore dans d'autres pays », notamment les États-Unis.
[73] Gilles Perrault, *Le pull-over rouge*, Ramsay.

En nommant Robert Badinter à la Chancellerie, François Mitterrand qui, cinq jours après son installation officielle à l'Élysée, avait gracié le dernier condamné à mort, Philippe Maurice, affichait sa détermination à obtenir, dans les meilleurs délais, l'abolition de la peine capitale. La majorité absolue des socialistes dans la nouvelle Assemblée l'assurait d'un vote conforme[74], d'autant qu'à l'instar de Jacques Chirac, certains parlementaires RPR et giscardiens se déclaraient désormais abolitionnistes.

En application de l'engagement pris par le chef de l'État durant la campagne présidentielle -et malgré l'opinion alors dominante-, le débat s'engage devant les députés quatre mois après l'élection du Président, le 17 septembre.

Après le rapporteur et président de la commission des Lois, Raymond Forni (PS, Territoire de Belfort) qui voit dans ce débat « l'occasion pour chacun d'ouvrir son cœur et de laisser parler sa conscience en transcendant les clivages politiques traditionnels », Robert Badinter se présente en porte-parole d'un gouvernement nommé par un président de la République élu par une majorité de Français qui connaissaient sa position sur la peine de mort. Même si on retrouve dans son discours les accents de l'avocat qui avait tant bataillé et passionnément pour l'abolition.

Le Garde des Sceaux rappelle, que la France fut le premier pays à interdire l'esclavage et la torture, cite Jaurès pour qui « la peine de mort est contraire à tout ce que l'humanité depuis deux siècles a pensé de plus haut et a rêvé de plus noble.» Le ministre qui juge la peine capitale « contraire à la fois à l'esprit du christianisme et à l'esprit de la Révolution » souligne qu'après l'échec de la proposition de loi soutenue par Jaurès et

---

[74] La gauche, minoritaire à l'Assemblée nationale élue en mars 1978 et dissoute par le nouveau Président de la République après son élection, obtint 328 députés sur 491 les 7 et 14 juin 1981 (dont 283 sièges pour les socialistes et apparentés et 44 pour les communistes).

Clémenceau en 1908, la question n'a jamais été débattue en séance publique.

« Pour ceux d'entre nous qui croient en Dieu, lui seul a le pouvoir de choisir l'heure de notre mort », poursuit Robert Badinter qui souligne à l'adresse des parlementaires : « Demain, grâce à vous, la justice ne sera plus une justice qui tue (...). Demain, grâce à vous, les pages sanglantes de notre justice auront été tournées ».

Les partisans de la peine de mort se savaient minoritaires au Parlement, contraints à mener un combat de retardement. Le député de la Loire (et futur Garde des Sceaux, vingt-cinq ans plus tard) Pascal Clément avait la tâche impossible de défendre une question préalable dont l'adoption aurait entraîné l'ajournement du débat parlementaire. « Nous n'abolirons pas la peine de mort sans être sûrs que nous possédons les moyens de décourager le crime et d'empêcher la récidive », explique l'élu UDF en tentant d'ouvrir, au préalable, un autre débat sur la peine de sûreté pour les crimes les plus odieux. (À l'époque, la peine incompressible était fixée à 18 ans).

Pascal Clément cherche à gagner du temps : « Pourquoi tant de précipitation à déposer ce projet de loi, puisque le candidat Mitterrand avait courageusement dit qu'il exercerait systématiquement son droit de grâce ?» s'interroge le député de la Loire qui sera contré par l'élu RPR, Philippe Séguin, celui-là même qui n'avait pu, deux ans plus tôt, obtenir un débat public sur l'abolition et pour qui « il faut créer une situation irréversible ».

Échec pour les antiabolitionnistes, la question préalable est repoussée à mains levées.

Dans la suite de la controverse, partisans et adversaires argumentent mais, chacun le sait, les jeux sont faits. Du côté des adversaires, convaincus de l'exemplarité et de la dissuasion qu'exerce la peine capitale, Roland Nungesser (RPR, Val de Marne) voit, dans sa suppression « une menace pour les innocents. (...). Quelle responsabilité, estime-t-il, prennent ceux qui, pour sauver l'un, condamnent les autres ! ». L'UDF Pierre

Micaux, élu de l'Aube où, aux Assises, Robert Badinter évita la guillotine à Patrick Henry, provoquera des remous dans l'hémicycle quand il accuse le Garde des Sceaux de « vouloir imposer son idéologie. Tant mieux pour les assassins! Ils auront leur fête le 17 septembre.», le jour de l'ouverture du débat sur la suppression de la guillotine par le Parlement...

La citadelle américaine

L'ancien ministre de la Justice, Jean Foyer (RPR, Maine et Loire) se veut plus habile quand il propose que l'abolition requière l'accord du suffrage universel consulté par référendum. Procédure compliquée : outre qu'il faudrait, au préalable, réviser la Constitution pour faire entrer la consultation sur la peine de mort dans le champ référendaire. Au surplus l'état de l'opinion écarterait l'abolition. La ficelle est un peu grosse pour Robert Badinter qui qualifie la proposition Foyer « d'esquive ». Elle n'est pas retenue.

Au moins, les avocats du statu quo espéraient-ils que le Sénat, habitué à amortir les changements voulus par les députés, amenderait le projet gouvernemental en obligeant Robert Badinter à une navette entre le Palais-Bourbon et celui du Luxembourg.

Ces calculs furent déjoués en apportant de surcroît la preuve que l'air du temps pouvait trouver sa place dans l'atmosphère feutrée et conservatrice du Sénat. Certes, dans le débat du 29 septembre, les inquiétudes de la France des 62 % qui, selon une récente enquête d'opinion, s'opposaient à la suppression de la guillotine trouvèrent un relais dans les interventions des sénateurs. Mais sans contraindre le garde des Sceaux à une seconde lecture entre les deux Assemblées.

Après quelques passes d'armes, la question préalable défendue par l'ancien ministre socialiste, devenu sénateur de la Gauche démocratique, Max Lejeune (Somme), fut écartée sans difficulté par 185 voix contre 107.

Affrontement, mais dans la tradition sénatoriale, à fleurets mouchetés. Réservé sur le texte gouvernemental, Édouard Bonnefous (gauche démocratique, Yvelines), déplore « trop de précipitation ». Tandis que Pierre Carous (RPR, Nord) juge qu'après tout « le code pénal n'est pas si mal fait que ça » (et par conséquent, que son article 12 qui prévoit que « tout condamné à la peine de mort aura la tête tranchée » doit être conservé). Un autre sénateur RPR, Michel Caldaguès (Paris) souligne, lui, que « le châtiment (par la peine capitale) a une haute finalité (…), celle de rassurer nos concitoyens ».

Surtout, au-delà des échanges de tribune, les sénateurs hostiles à l'abolition sont conscients, comme le dit leur collègue du Doubs, Louis Souvet (RPR) de mener un combat d'arrière-garde.

À la surprise du Garde des Sceaux qui n'en attendait pas tant, la suppression de la guillotine obtint au Luxembourg 160 voix contre 126. Là où les députés avaient apporté un soutien massif, les sénateurs se contentaient d'un appui incontestable. Mais en l'état, sans amendement qui aurait prolongé la discussion parlementaire, ouvrant ainsi la voie à la promulgation rapide de la loi d'abolition qui fut publiée le 9 octobre.

Une date historique.

En 1981, quand la France rejoint le camp des pays abolitionnistes, 50 des pays membres des Nations Unies n'inscrivent plus la peine de mort dans leur arsenal pénal. Un quart de siècle plus tard, 88 pays l'ont supprimée ; 11 pays se réservent de l'appliquer pour des crimes exceptionnels (en temps de guerre, par exemple) ; 30 pays sont, selon la définition d'Amnesty International, abolitionnistes *de facto* (notamment la Russie). Ces pays n'ont procédé à aucune exécution capitale depuis dix ans au moins, même si la peine capitale reste inscrite dans leur législation.

La tendance à l'abolition est forte, puisque 40 États ont supprimé le châtiment suprême depuis 1990 et les 129 pays qui l'ont abrogé constituent désormais une majorité sur la planète (où 74 pays maintiennent la condamnation à mort). En Europe, seule la Biélorussie la conserve, alors qu'au Moyen Orient Israël est l'unique État à l'avoir supprimée, sauf pour les crimes d'exception.

En revanche, selon Amnesty International, 2000 condamnés sont exécutés en vingt mois rien qu'en Iran qui passe de la révolution blanche du Chah à la révolution islamiste des ayatollahs. Trois autres États figurent dans ce « palmarès », la Chine, l'Arabie saoudite et les États Unis.

En 2005, ce sont toujours les mêmes pays où on recense le plus grand nombre d'exécutions : sur 2184 condamnés mis à mort dans vingt-deux pays, la Chine arrive nettement en tête (1170) avant l'Iran, l'Arabie saoudite et les États-Unis où le nombre des suppliciés tend néanmoins à diminuer (de 98 en 1999 à 6O en 2005, 53 en 2006, 42 en 2007 et 32 en 2008. Avant de remonter à 53 en 2009).

Il reste que la Cour pénale internationale, en écartant la condamnation à mort de son échelle des peines, a marqué une étape majeure de l'abolition. « L'humanité, observe l'ancien Garde des Sceaux de 1981, s'interdit ainsi de livrer au bourreau, même les bourreaux de l'humanité »[75].

Les abolitionnistes en sont convaincus, les États-Unis qui demeurent avec le Japon la seule grande nation avancée à maintenir la peine capitale - ainsi, le Texas, longtemps gouverné par le Président Bush, puis par son frère, s'inscrit pour 360 exécutions entre 1977 et 2006, près de la moitié des mises à mort aux États-Unis durant cette période- joueront un rôle majeur dans le mouvement pour l'abolition. « La bataille décisive » aura lieu aux États-Unis, assure Robert Badinter, quitte à observer qu'ils n'ont pas ratifié la création de la Cour pénale internationale et que les deux tiers des Américains se disent encore acquis à la peine de mort.

Pour sa part, après avoir ratifié en octobre 2005 le protocole n° 13 de la convention européenne des droits de l'homme «relatif à l'abolition de la peine de mort en toutes circonstances »

---

[75] Robert Badinter, *Contre la peine de mort*, Fayard.

(mais qui pouvait être dénoncé), la France a franchi, peut-on penser une étape sans retour, le 19 février 2007. Ce jour-là le congrès du parlement a décidé à une majorité écrasante - par 828 voix contre 26 - d'inscrire dans l'article 66 de la Constitution que « nul ne peut être condamné à la peine de mort ».

Que dans le débat à Versailles, députés et sénateurs aient ovationné Robert Badinter, souligne l'évolution des esprits depuis 1981. En un quart de siècle, l'opinion française a basculé: une majorité de citoyens (aux environs de 55 %) répète régulièrement son refus de rétablir la guillotine. N'est-il pas symbolique au demeurant que le Garde des Sceaux, porteur de la révision voulue par le président Chirac ait été Pascal Clément, le porte-parole des députés adversaires de l'abolition en 1981 ?

Désormais, la guillotine a rejoint de fait le musée et on imagine mal que « les bois de justice » en sortent pour reprendre leur vocation d'autrefois. N'est-ce pas Voltaire qui disait : « Les Français arrivent tard à tout. Mais ils arrivent » ?

CHAPITRE 11

14 - 24 mars 1983
LES « VISITEURS DU SOIR » PERDENT LA PARTIE : PARIS RESTE À PRUXELLES

« J'ai une voiture, je sais la conduire, mais sur des sentiers verglacés, je préfère ne pas prendre le volant »[76]. 14 mars 1983, le lundi qui suit le second tour des élections municipales : dans le bureau de François Mitterrand à l'Élysée, Pierre Mauroy recourt à cette métaphore pour signifier au Président de la République son refus de souscrire au retrait de la France du SME, le Système Monétaire Européen.[77]

Du dialogue entre les deux hommes, Jacques Attali, le « conseiller spécial » du chef de l'État, donne une version qui confirme le sens et la portée de la réflexion du Premier ministre.

À 10 heures, précise Jacques Attali, le dialogue s'engage. « À partir de demain soir, au plus tard, en prévision du conseil européen de lundi prochain (le 21 mars donc), tout va s'agiter, prévoit François Mitterrand. Une décision monétaire, quelle qu'elle soit, apparaîtra comme prise sous la pression de l'événement. Il faut donc décider aujourd'hui. Préparez-moi demain un gouvernement resserré avec une politique nouvelle fondée sur le flottement du franc »[78]. Jacques Attali ne rapporte pas l'image automobile utilisée par Pierre Mauroy, mais il

---

[76] Pierre Mauroy. Mémoires. *Vous mettrez du bleu au ciel.* Plon (p. 262).
[77] Créé à l'initiative du Président Giscard d'Estaing et du Chancelier Helmut Schmidt et en vigueur depuis le 1er mars 1979, le SME prévoit que les monnaies européennes (mais à l'exception de la livre sterling) ne doivent pas s'écarter de plus de 2,5 % de leur cours pivot. Un facteur de solidarité supplémentaire dans l'Europe des «neuf».
[78] Jacques Attali. *Verbatim I*, 1981-1986. Fayard (p. 408).

résume sa réponse en deux phrases rapides : « Je ne sais pas faire. Je ne suis pas l'homme d'une telle politique… »

Avant de relever la surprise du Président de la République : pour la première fois depuis son arrivée à Matignon en mai 1981, Pierre Mauroy lui résiste et son refus inhabituel remet en cause l'opération politique préparée depuis plus de six mois par ceux que le chef du gouvernement appelle « les visiteurs du soir ». Des visiteurs qui, jour après jour, se relaient à l'Élysée.

Au lendemain des élections municipales des 6 et 13 mars, où la gauche a sauvé la mairie de Gaston Defferre à Marseille (et même gagné celle de Châtellerault pour Édith Cresson) mais perdu 31 villes de plus de 30 000 habitants (dont Grenoble, Nantes, Saint Etienne, Reims)[79], le président de la République veut changer de politique économique et financière. Depuis le mois d'août 1982, les « visiteurs du soir » l'ont apparemment convaincu que le SME constituait pour le franc un carcan insupportable et que le flottement de la monnaie permettrait, au contraire, d'abaisser les taux d'intérêt, de réduire les charges des entreprises, de stimuler les exportations. Et donc, d'améliorer une situation monétaire qui avait entraîné deux réajustements des parités européennes, depuis son élection à la présidence de la République, le 4 octobre 1981 et le 12 juin 1982. Avant une troisième dévaluation du franc, en perspective.

Les turbulences monétaires, François Mitterrand, Pierre Mauroy et le ministre des Finances Jacques Delors les avaient trouvées dans la corbeille d'accueil de la gauche. Avant même la victoire présidentielle du leader socialiste, les capitaux avaient commencé à fuir le pays. Le 10 mai avait accéléré le mouvement. L'exode des capitaux, la gauche en a l'habitude chaque fois qu'elle accède au pouvoir. Au demeurant, socialistes et communistes retrouvent spontanément les exemples d'hier pour dénoncer « le mur d'argent » qui a abattu le cartel des gauches en 1924 et les « 200 familles » qui ont eu raison de

---

[79] À Latche, dans la propriété landaise de François Mitterrand, le chef de l'État et celui du gouvernement étaient convenus que, si la gauche cédait plus de 30 villes importantes, Pierre Mauroy devrait quitter Matignon.

Léon Blum au moment du Front populaire en 1936. De surcroît, à défaut des directives écrites que François Mitterrand refuse de donner avant son installation officielle le 20 mai, Raymond Barre, qui expédie les affaires courantes, opte pour l'immobilisme...

Malgré Michel Rocard, partisan d'une dévaluation forte et immédiate qui aurait été imputée à l'héritage Giscard-Barre, la gauche au pouvoir choisit la non-dévaluation... jusqu'au 4 octobre où le réajustement monétaire décidé par les ministres des Finances de la communauté prend acte de la dégradation du franc. La monnaie française est dévaluée de 8,5 %, le franc belge et la lire italienne de 3 %. Le deutsche mark et le florin hollandais sont réévalués l'un et l'autre de 5,5 %. En contrepartie, Jacques Delors doit promettre des économies substantielles dans les dépenses budgétaires (25 milliards). Mais sans offrir au gouvernement Mauroy l'accalmie dont il a besoin pour poursuivre sa politique.

Les complications qui assaillent la gauche viennent moins de la relance de la consommation décidée par l'Élysée et Matignon en application des 110 propositions du candidat Mitterrand – 5e semaine de congés payés, hausse du SMIC de 10 %, revalorisation des allocations familiales, augmentation du minimum vieillesse, notamment - que d'une certaine inadéquation de l'appareil productif hexagonal pour répondre à l'essor de la demande qui accroît les importations. Résultat : en un an, les réserves de devises reculent de 60 %. Malgré le rétablissement du contrôle des changes, la balance commerciale perd, en moyenne, 8 milliards par mois. En dépit des mesures d'accompagnement prises par Jacques Delors, un nouveau réajustement monétaire devient inéluctable. Le 12 juin 1982, le deutsche mark est réévalué de 4,25 %, le franc français et la lire italienne sont dévalués respectivement de 5,75 % et 2,75 %. Un écart de 10 % entre le franc et le deutsche mark, après les 14 % du 4 octobre 1981.

Sur le terrain social, la situation ne s'améliore pas davantage. Les fermetures d'usines se poursuivent. Une branche comme la sidérurgie, forte pourvoyeuse d'emplois, se délite et Pierre Mauroy doit affronter dans sa région la colère musclée des ouvriers de Denain. La courbe des sans-emploi interdit au Premier ministre de se maintenir sur « la crête des 2 millions de chômeurs », comme il a voulu l'espérer.

Le cap est dépassé et l'OCDE, l'Organisation de Coopération et de Développement Économique, pronostique 2,2 millions de chômeurs pour la fin 1982. Les clignotants ne sont pas au vert, comme le dit Pierre Mauroy. La plupart passent au rouge, même si l'inflation à deux chiffres héritée de Raymond Barre et de son ministre des Finances, René Monory, commence à s'essouffler.

Dans ces conditions, Jacques Delors réclame « la pause », une référence historique à 1936, mais malheureuse, qui signifie pour le « peuple de gauche » la fin des réformes et des promesses d'avant le 10 mai 1981. Un renoncement qui aliène aux socialistes et aux communistes une partie de leurs soutiens populaires et se manifestera dans les urnes, aux municipales de l'année suivante.

Pour éviter « la Bérézina » dont parle le ministre des Finances, priorité à la réduction de l'inflation, requiert Jacques Delors en faisant adopter par le gouvernement Mauroy un plan de rigueur qui bloque les salaires et les prix pendant quatre mois, limite le déficit du budget pour 1983, relance les investissements des entreprises nationales.

Le bréviaire de Figeac

C'est à ce moment qu'entrent en scène « les visiteurs du soir » assidus de l'Élysée et auxquels, malgré le Premier ministre et le ministre des Finances, le président de la République apportera longtemps sa caution et même son adhésion. Comme les trois mousquetaires, ils sont quatre. À leur tête, Jean Riboud, un industriel sans engagement politique affiché, mais ami de longue date de François Mitterrand et, comme président de

Schlumberger, l'une des stars de l'establishment économique français.

À ses côtés, deux ministres bien en cour à l'Élysée, l'un et l'autre candidats virtuels à Matignon (et qui, d'ailleurs, s'y installeront) : Laurent Fabius, ministre du Budget et « fils chéri » de la mitterrandie et Pierre Bérégovoy, un ancien mendésiste dont le chef de l'État a fait le premier Secrétaire Général de l'Élysée, puis un ministre des Affaires sociales. Avec eux, Jean-Jacques Servan-Schreiber, longtemps brillant patron de presse et feu follet de la politique française qui, à l'instar de Jean Riboud et des deux ministres, entretient des relations privilégiées avec François Mitterrand. À cette « bande des quatre », comme les qualifient leurs détracteurs, d'autres s'ajoutent à l'occasion, mais dont le rôle restera marginal, tel le ministre de l'Intérieur, Gaston Defferre.

Outre leurs rapports de confiance avec François Mitterrand, « les visiteurs du soir» ont un atout qui apparaîtra longtemps majeur pour le président de la République. Leur analyse lui apporte une alternative à la situation économique calamiteuse où se débat la gauche depuis mai 1981. Ou bien poursuivre et amplifier la rigueur Mauroy-Delors et s'exposer à l'échéance des législatives de 1986 à un désaveu de l'électorat[80], ou bien changer radicalement de politique économique et financière pour échapper à l'étau qui conduit la France (et la gauche) à « la Bérézina ».

Pour endiguer l'hémorragie des devises, colmater le gouffre budgétaire, défendre la monnaie, « les visiteurs du soir» ont un discours simple et cohérent. Dès août 1982, au lendemain du premier plan de rigueur signé Delors, leur chef de file, Jean Riboud, insiste sur la nécessité pour la France de « retrouver sa liberté» et cette exigence, souligne le PDG de Schlumberger,

---

[80] Grâce au rétablissement de la représentation proportionnelle départementale, la gauche évitera le désastre aux législatives des 9 et 16 mars 1986. Elle perd la majorité, mais ne s'effondre pas : 290 députés pour la droite (dont 145 pour le RPR), 250 pour la gauche (dont 215 pour les socialistes). Le Front National fait son entrée à l'Assemblée nationale avec 35 élus.

passe par la sortie du SME. Pour lui, la nécessité ne se discute pas : rétablir la compétitivité des entreprises françaises sur le marché international (face à leurs concurrentes allemandes, en particulier) exige une baisse significative des taux d'intérêts et des charges. Un moyen, la rigueur, la rigueur budgétaire et la rigueur salariale, avec un préalable pour mettre en œuvre cette politique, le flottement du franc, c'est à dire le départ du Système Monétaire Européen. Faute de quoi, le redressement restera un leurre. En d'autres termes, la pharmacopée ordinaire, celle que proposent Pierre Mauroy et Jacques Delors sous le contrôle de Bruxelles, restera sans effet durable.

Séduit par une solution qui lui rendrait la liberté de manœuvre dont le prive la vulnérabilité économique du pays, François Mitterrand se dit « partagé entre deux ambitions, celle de la construction de l'Europe et celle de la justice sociale. Le SME est nécessaire pour réussir la première et limite ma liberté pour la seconde ». Simultanément, le chef de l'État mesure la difficulté de sa tâche : « Il est plus difficile, reconnaît-il, de se battre contre le mur de l'argent que contre la droite politique »[81]. Mais il conserve ses habitudes : les mauvaises nouvelles ne s'annoncent à l'opinion qu'après les manifestations de prestige et en dehors des périodes électorales.

Le premier plan de rigueur n'intervient que le 16 juin 1982, après le sommet de Versailles où les « plus grands » de ce monde - Ronald Reagan, Helmut Schmidt, Margaret Thatcher, notamment- ont pu savourer l'accueil de la France et de son président ; le second sera rendu public le 23 mars 1983, après les élections municipales et la troisième dévaluation du franc.

Le souverain, n'est-ce pas ? a bien le droit de ne pas apprécier les toiles d'araignée dans la Galerie des Glaces et le président de redouter la mauvaise humeur des électeurs mécontents.

En attendant, pour entraîner la décision de François Mitterrand, Laurent Fabius et Pierre Bérégovoy font le siège de

---

[81] Jacques Attali. *Verbatim I*, 1981-1986. Fayard (p. 399).

l'Élysée et bombardent le chef de l'État de rapports et d'explications. Réduire les charges, contrôler les salaires, baisser les taux d'intérêt, et, à cet effet, laisser flotter le franc, insistent les deux ministres, en faisant valoir qu'une sortie du SME n'est qu'une pièce dans une stratégie globale qui devra s'accompagner d'une renégociation monétaire européenne.

Michel Rocard lui-même ne se montre pas indifférent à ce discours qu'il préfère, en tout cas, à celui de Jacques Delors. En particulier juge-t-il trop élevé le coût du rétablissement de la balance extérieure si elle doit se payer d'une aggravation du chômage et d'une stagnation du pouvoir d'achat. Michel Rocard, au surplus, a quelque titre à se présenter comme un précurseur : n'avait-il pas préconisé l'abandon du SME dès l'arrivée de la gauche au pouvoir, en mai 1981 ?

Jacques Delors ne cède pas. Comme « les visiteurs du soir », lui aussi multiplie les interventions à l'Élysée. Pour remédier à la dégradation permanente des Finances publiques, le « grand argentier» réplique qu'un flottement du franc entraînerait une baisse de 10 à 15 % de la monnaie nationale par rapport au dollar et que la France n'a plus le matelas de devises nécessaire pour le supporter. D'autant que le renchérissement des importations provoquerait une augmentation des prix et une aggravation de la balance extérieure. Le ministre s'en tient à son credo : pour réduire le déficit budgétaire et rembourser les emprunts contractés par la France, une rigueur accrue s'impose qui doit permettre de maîtriser les finances publiques et sociales, de réduire les prix et les coûts. S'imposent une augmentation des taxes sur les alcools et le tabac, un emprunt forcé, une limitation des devises pour les touristes français, toutes mesures qui se retrouveront parmi d'autres, dans le second plan Delors adopté par le gouvernement Mauroy remanié après les élections municipales.

À l'automne 1982, François Mitterrand paraît bien près de rallier « les visiteurs du soir ». Le 26 septembre, il prononce à Figeac (Lot) un discours qui devient le bréviaire des partisans du flottement du franc. Jamais jusqu'ici, publiquement au moins, le président de la République n'avait paru aussi enclin à une « autre » politique. « Il y a deux sortes de moratoires pour les entreprises en péril surendettées, l'inflation ou la faillite, analyse-t-il. Ma préoccupation est que l'esprit d'initiative des entreprises puisse échapper aux trois menaces du moment, l'alourdissement de leurs charges, la lourdeur des taux d'intérêt et la surcharge de leur endettement financier ». Dans cet esprit, le président propose un plan de grands travaux pour soutenir le bâtiment, 8 milliards de francs dans les prochains mois.

Larguer les amarres ?

Moratoire, baisse des taux d'intérêt, allégement des charges des entreprises, cette orientation épouse celle de Jean Riboud et de ses alliés. « Les visiteurs du soir » ont gagné ? Pas encore. Pour faire face à la crise financière, Jacques Delors demande un emprunt forcé de 20 milliards de francs. Insuffisant, décrètent Jean Riboud et ses alliés qui sentent le président de la République acquis à leurs thèses et dont l'offensive se poursuit en faveur d'un changement de cap.

La guérilla continue, s'intensifie même, au gré des attaques ou des accalmies sur le front du franc. Partisans et adversaires de l'autre politique multiplient les tête à tête avec François Mitterrand, jusqu'au moment où se profile l'échéance des élections municipales. Le temps est venu d'attendre, celui où, chacun le sait, le chef de l'État ne tranchera pas.

En fait, François Mitterrand hésite encore. Une question à Jacques Attali témoigne de ses incertitudes : « Et si le flottement (du franc) ne faisait que rendre la rigueur moins juste socialement ? » Avant d'ajouter : « on dit que j'hésite. Non, je réfléchis »[82]. Laurent Fabius ajoute aux doutes du président : en tête à tête, le directeur du Trésor, Michel Camdessus, convainc le ministre du budget des risques que comporte la sortie du SME pour le franc et l'avenir économique du pays. Laurent

---

[82] Jacques Attali. *Verbatim I*, 1981-1986. Fayard (p. 94).

Fabius le dit à François Mitterrand qui continue à réfléchir. Changer de politique avec Mauroy, d'accord, changer de politique sans Mauroy et, à plus forte raison contre les plus européens des socialistes (et le parti du président n'en manque pas) demande réflexion.

Le chef de l'État a toujours apprécié d'avoir plusieurs fers au feu et, pour décider entre eux, de « donner du temps au temps ». Malheureusement, le calendrier européen et la conjoncture économique ne lui en laissent pas le loisir. Les délais lui sont comptés.

Entre les deux tours du scrutin municipal, l'économiste Jean Boissonnat tire la sonnette d'alarme : « La semaine la plus longue vient de commencer pour le franc », avertit-il en notant que « la tension entre le mark et le franc nous a déjà coûté plusieurs milliards de dollars dans les récentes semaines... » Une mise en garde qui est aussi un signe, celui que l'inquiétude commence à gagner l'opinion et qu'il faut, sans plus tarder, décider.

Apparemment, lorsqu'il reçoit Pierre Mauroy le 14 mars, François Mitterrand a choisi de laisser le franc flotter. En refusant de « rempiler » à Matignon en endossant la sortie du SME, le premier ministre lui inflige une sérieuse déconvenue. Pierre Mauroy va plus loin, il rédige aussitôt une lettre de démission[83].

Mais qui, à Matignon ? Pierre Mauroy encore ou Jacques Delors ? Le second a la faveur du président jusqu'au moment où il pose une condition que François Mitterrand juge exorbitante : outre la direction du gouvernement, Delors veut garder les Finances. Matignon et Bercy entre les mains du même homme, d'un homme « incontrôlable » (François Mitterrand le craint), d'un démocrate chrétien converti au socialisme (comme le dit le président) et qui souvent n'en fait qu'à sa tête (comme le redoute le chef de l'État) ? Quel serait alors le pouvoir de l'Élysée ? Les actions de Mauroy à la bourse

---

[83] Pierre Mauroy en écrit même deux versions, une lettre de démission « classique » et une lettre-bilan où il rappelle l'action de son gouvernement.

de Matignon remontent en flèche tandis que les négociations commencent à Bruxelles le 19 mars entre les dix ministres des Finances de la Communauté européenne. Le 21 mars, à l'aube, l'accord est acquis : sur les sept monnaies du SME, deux sont dévaluées, le franc français et la lire italienne (2,5 % chacune), cinq sont réévaluées, le deutsch-mark (5,5 %) le florin hollandais (3,5 %), la couronne danoise (2,5 %), le franc belge et le franc luxembourgeois (1,5 %).

Une troisième purge pour la monnaie française en moins de deux ans, mais un succès politique relatif pour la ligne Mauroy-Delors qui établit pour l'Élysée que le maintien du franc dans le SME peut se réaliser sans trop de casse. D'ailleurs, les réserves de la banque de France vont progresser et le matelas de devises augmenter. Les prévisions alarmistes sont battues en brèche. « Une étape vers un assainissement économique », commente sobrement Pierre Mauroy qui accepte de se succéder à lui-même à la tête d'un gouvernement réduit de 35 à 15 ministres. Las ! Trois jours plus tard, sont nommés 8 ministres délégués et aussi 19 secrétaires d'État. Au total, 43 membres du gouvernement contre 44 précédemment. On est loin de l'équipe « resserrée » dont parlait le président de la République quelques jours plus tôt.

Outre Pierre Mauroy lui-même, les ministres régaliens restent en place, Claude Cheysson aux Relations extérieures, Jacques Delors aux Finances, Charles Hernu à la Défense, Gaston Defferre à l'Intérieur. Le glas sonne pour « les visiteurs du soir ».

Même si trois d'entre eux demeurent présents au gouvernement : outre Gaston Defferre, Laurent Fabius (qui passe du budget à l'industrie) et Pierre Bérégovoy (avec un ministère des affaires sociales élargi à la solidarité nationale).

À la télévision, le 24 mars, le président de la République rend public le nouveau plan de rigueur approuvé le matin même par les ministres et qui reprend l'essentiel des mesures précédemment proposées par Jacques Delors : relèvement des tarifs publics, emprunt obligatoire, forfait hospitalier, prélèvement supplémentaires d'1 % sur le revenu imposable, économies budgétaires, limitation à 2 000 francs par personne des devises allouées aux touristes. Globalement, une ponction de l'ordre de 65 milliards sur la consommation des ménages, à peu près l'équivalent du pouvoir d'achat distribué par la gauche à son arrivée aux affaires.

Aux aléas d'un parcours solitaire, François Mitterrand a préféré, en définitive, les contraintes de l'Europe. Mais, jamais, depuis la naissance du Marché Commun le 1er janvier 1958, la France n'avait été aussi près de larguer les amarres avec l'Europe que durant cette décade tourmentée du 14 au 24 mars 1983. Sans Pierre Mauroy et Jacques Delors, « les visiteurs du soir » l'auraient sans doute emporté. Et, avec la sortie du SME, l'inconnu triomphait.

CHAPITRE 12

1984-1994

LA GUERRE SCOLAIRE MET LES FRANÇAIS DANS LA RUE

Plus d'un million de manifestants qui convergent vers la Bastille le 24 juin 1984 pour affirmer leur attachement à l'enseignement privé. Un autre million (ou peu s'en faut) sur le pavé parisien le 16 janvier 1994 pour défendre l'école publique. Dans l'un et l'autre cas, la France des catholiques comme la France des laïques mobilisent dans la rue des foules immenses.

Là s'arrête la comparaison : en 1984, le projet Savary est retiré, le gouvernement Mauroy démissionne et seule l'habileté de François Mitterrand évitera une crise de régime. Une décennie plus tard, le conseil constitutionnel sauve la face au gouvernement Balladur et, un an après, Jacques Chirac entre à l'Élysée.

Les deux événements qui dressent une France contre l'autre s'inscrivent dans l'affrontement privilégié que l'école, depuis un siècle et plus, fournit aux catholiques et aux laïques[84]. Après la loi de 1905 instituant la séparation des Églises et de l'État, la chambre « bleu horizon » (1920-1924) avait abrogé diverses dispositions laïques, rétablissant notamment l'ambassade de France au Vatican. Contradictoirement, le « cartel des gauches » avait voulu avec le radical Herriot (1924-1925) mettre fin au régime spécial de l'école en Alsace-Lorraine. Dans les trois départements concordataires - la Moselle, le Bas-Rhin et le Haut-Rhin- recouvrés sur l'Allemagne en 1919, l'enseignement

---

[84] Un clivage qui demande à être tempéré, dès lors que certains catholiques se disent laïques et que le camp catholique compte aussi des laïques.

confessionnel (catholique, luthérien, réformé et israélite) était à la fois rémunéré et obligatoire (sauf souhait contraire des familles).

Contre le cartel qui veut établir la loi de 1905 en Alsace-Lorraine, les cardinaux invitent leurs ouailles à « déclarer sur tous les terrains et dans toutes les régions la guerre au laïcisme ». Consigne suivie à la lettre par la Fédération Nationale Catholique du Général de Castelnau[85] qui organise dans tout le pays des manifestations monstres qui ébranlèrent la résolution des plus modérés des cartellistes. Le 2 février 1925, la « gauche radicale » vote contre son gouvernement le maintien de l'ambassade au Vatican, décision qui enterre les projets Herriot.

Suivent quinze ans de paix armée qui précèdent l'octroi à l'école catholique par le gouvernement de Vichy de subsides que le général de Gaulle supprime à la Libération. Regain de conflit sous la IV° République où socialistes, radicaux et MRP, partenaires obligatoires dans les gouvernements de « troisième force » également hostiles aux communistes et aux gaullistes, s'opposent sur l'école. En 1951, les lois Marie (radical) et Barangé (MRP) accordent des bourses aux élèves du privé et des allocations d'études à l'école catholique fréquentée par l'enfant ou à la commune pour les élèves de l'enseignement public.

Une République plus tard, le grand tournant intervient quand la loi Debré du 31 décembre 1959 reconnaît « le caractère propre » de l'enseignement catholique et définit les relations de ses écoles en leur ouvrant le choix entre trois possibilités : maintien de l'indépendance (contrôle pédagogique et lois Marie-Barangé), contrat simple (paiement des enseignants par l'État, mais statut de droit privé, dépenses de fonctionnement à la charge des écoles), contrat d'association (totalité du financement des dépenses d'enseignement et de

---

[85] Le général de Castelnau, l'un des principaux chefs militaires de la guerre 1914-1918, dont certains catholiques assuraient alors qu'il n'avait pas été fait Maréchal en raison de ses opinions religieuses.

fonctionnement acquittées par l'État pour le secondaire et par les communes pour le primaire).

En dépit d'une levée de boucliers chez les laïques, de la démission du ministre de l'Éducation Nationale, le socialiste André Boulloche, et de 11 millions de signatures recueillies par le CNAL[86], la loi Debré s'impose cependant. Quitte pour le socialiste Guy Mollet à prédire à la tribune de l'Assemblée Nationale, que les laïques réclameront un jour l'intégration dans le secteur public des écoles et des enseignants « associés ».

La page de l'avant-guerre est bien tournée où l'abbé Lemire, député du Nord, se demandait « comment une école peut se dire libre si elle trend la main à l'État ». C'est à dire si elle reçoit des deniers publics.

Sous la Ve République, l'épiscopat -et Jean-Paul II lui-même le dira à Pierre Mauroy en recevant le Premier ministre socialiste au Vatican-, juge que l'enseignement catholique assume une mission de service public qui justifie un financement d'État.

D'ailleurs, le 5 novembre 1977, la loi Guermeur, du nom du député RPR du Finistère qui en est le promoteur, accroît l'aide aux écoles privées sous contrat en donnant des avantages de carrière identiques à leurs enseignants en même temps qu'elle renforce les pouvoirs des chefs d'établissements dans le choix des maîtres tenus de respecter « le caractère propre » de l'école catholique.

Pour la gauche et le camp laïque, l'heure de la revanche arrive en 1981 avec l'élection à l'Élysée de François Mitterrand et, dans la foulée, la désignation d'une Assemblée Nationale où, pour la première fois depuis 1958, les députés de gauche (et les socialistes, à eux seuls) obtiennent la majorité.

Pourtant les hostilités ne commenceront sur la place publique que trois ans plus tard. Trois ans de négociations et de rencontres, de propositions et de déclarations où, pour mettre

---

[86] Le CNAL, Comité National d'Action Laïque, regroupe cinq organisations : le Syndicat National des Instituteurs, la Fédération de l'Éducation Nationale, la Ligue de l'Enseignement, la Fédération des Conseils de Parents de l'Enseignement Public, et la Fédération des délégués cantonaux.

en œuvre la 90ème des 110 propositions du candidat Mitterrand en faveur d'un « grand service public, unifié et laïc » de l'enseignement, le ministre Alain Savary aura tenté jusqu'au bout d'éviter l'affrontement du premier semestre 1984. À ses côtés ou face à face, quatre interlocuteurs joueront un rôle dans ce conflit, pour le calmer ou l'attiser, selon le cas : le chanoine Guiberteau, secrétaire général de l'Enseignement Catholique, Pierre Daniel, président de la puissante UNAPEL[87,] Michel Bouchareissas, principal dirigeant du CNAL, et le Président du groupe « laïcité » de l'Assemblée Nationale, le député socialiste de l'Indre, André Laignel.

Malgré quinze versions successives (!), les ultimes propositions d'Alain Savary le 19 octobre 1983 n'ont pas permis un consensus. Certes, le plan Savary reconnaît le dualisme scolaire, la liberté des parents et le droit au financement de l'école catholique. Alors, un texte équilibré ? Sur le financement de l'enseignement privé, la création des établissements d'intérêt public, les obligations des communes, l'accord n'apparaît pas impossible entre le gouvernement et l'école catholique. Une pierre d'achoppement en revanche se révélera décisive, l'intégration dans la fonction publique des enseignants du privé que souhaitent le gouvernement, le CNAL et les parlementaires de gauche mais que refusent les dirigeants de l'enseignement catholique. Leur crainte ? Que la fonctionnarisation de ses maîtres entraîne pour l'école catholique la perte de son « caractère propre ».

La bataille de l'opinion

Adopté en conseil des ministres le 18 avril 1984, le projet gouvernemental ne satisfait vraiment personne, et pas davantage les laïques que les catholiques. Ainsi, le secrétaire général de la FEN, Jacques Pommatau, écrit à Pierre Mauroy que « le gouvernement créerait une situation inacceptable s'il

---

[87] L'UNAPEL, l'Union Nationale des Associations de Parents de l'Enseignement Libre, que préside Pierre Daniel en 1984.

consentait des concessions au détriment du principe fondamental de laïcité de la République ».

De son côté, le cardinal-archevêque de Paris, Mgr Lustiger, dénonce « un processus de fonctionnarisation qui mettrait en péril l'identité de l'école catholique ».

La place de l'enseignement catholique dans l'Éducation nationale souligne la dimension du différend : à la veille du débat parlementaire, l'école privée scolarise 15,5 % des élèves. Elle recense 2 015 000 enfants ou adolescents, dont 93 % fréquentent un établissement catholique (955 5000 dans le primaire et 1 060 000 dans le secondaire), avec des zones de force dans les régions de tradition catholique : la Bretagne, la Vendée, le Maine et Loire. Même si les religieux se font rares dans la plupart des établissements où les laïques dominent largement parmi les enseignants (97 %) à peine moins parmi les directeurs (81 %).

À l'évidence, les laïques qui attendaient de la déchristianisation rapide de la société française un déclin parallèle de l'enseignement catholique se sont trompés. Au contraire, bon an mal an, l'école privée enrôle quelques milliers d'élèves supplémentaires. Pour une raison simple dont attestent les enquêtes d'opinion : les deux tiers des parents qui envoient leurs enfants à l'école catholique ne le font pas, d'abord pour des raisons religieuses. Mais pour des motifs d'éducation et de formation que l'école publique n'assume pas toujours à leur satisfaction. L'école laïque, par exemple, reçoit 95 % des enfants d'immigrés. C'est sa fierté, mais aussi, parfois, sa vulnérabilité. En somme, les carences de l'école publique sont le meilleur sergent recruteur de l'école catholique.

En fait, entre un laïque de combat comme André Laignel (PS-Indre) qui proclame à la tribune de l'Assemblée Nationale « qu'il peut y avoir plusieurs écoles dans la République, mais qu'il ne peut y avoir qu'une seule école de la République », et les ultras du catholicisme enclins à toujours revendiquer de l'État, mais au moindre droit de regard, la fracture est irréductible.

En écho à François Mitterrand pour qui « aucune pression ne fera reculer l'État » le ministre de l'Éducation nationale (qui n'entretient pas nécessairement des relations de confiance avec le Président de la République depuis le congrès d'Épinay où les deux hommes se disputèrent la direction du PS) doit accepter 33 amendements de sa majorité parlementaire. À propos de la titularisation des enseignants d'abord, où s'affirme le droit pour les communes de ne plus financer au-delà de huit ans les écoles primaires du privé dont la majorité des maîtres ne sont pas titularisés dans la fonction publique, et sans que l'État puisse se substituer à elles.

« Un chantage éhonté », proteste Pierre Daniel, au nom de l'UNAPEL dont les évêques et l'enseignement catholique partagent le refus.

Dès lors, les jeux sont faits. À l'engagement de responsabilité du gouvernement[88], les élus RPR et UDF répondent par une motion de censure évidemment rejetée (159 voix sur 577 députés).

Constitutionnellement adopté le 22 mai, le projet Savary amendé engage une épreuve de force dont l'enjeu devient la manifestation du 24 juin convoquée à Paris par les parents de l'UNAPEL, activement soutenus et relayés par les associations catholiques, mais aussi par la droite parlementaire. La bataille désormais se mène (ou plutôt se poursuit) devant l'opinion.

Les catholiques décrètent la mobilisation générale. Avec le cardinal Lustiger qui dénonce, de la part du gouvernement, « un manquement à la parole donnée », Pierre Daniel regrette « une grave erreur politique » et appelle à la défense des libertés. Les déclarations apaisantes du gouvernement, d'Alain Savary, par exemple, qui relève que, depuis l'arrivée de la gauche au pouvoir, l'aide à l'école catholique s'est sensiblement accrue - 18,5 milliards de francs pour 1984 contre 14,5 milliards en 1982- n'y changent rien.

---

[88] Selon la procédure de l'article 49.3 de la Constitution, un texte est réputé adopté un jour franc après l'engagement de responsabilité du gouvernement, sauf motion de censure votée par la majorité des députés composant l'Assemblée Nationale.

La parole est à la rue. Certains membres de l'épiscopat s'inquiètent néanmoins. Ainsi, le président de sa commission «Éducation», l'archevêque de Tours, Jean Honoré, juge que l'Église prendrait « un risque considérable » si « le gouvernement qui porte les espoirs des couches populaires » devait tomber « à cause de l'école publique ». En clair, seraient ruinés les efforts entrepris par l'Église pour échapper aux pesanteurs partisanes et sociologiques qui avaient, de longue date, enraciné les catholiques à droite et conduit certains prélats à Vichy.

Pierre Mauroy peut bien affirmer que « la manifestation a été imposée par les ultras de l'UNAPEL et par les partis de droite », les dés sont jetés et ils ne roulent pas à l'avantage du gouvernement. Le 24 juin réussit au-delà des espérances de ses organisateurs. Une manifestation monstre qui marque le sommet de la protestation anti-Savary.

Combien sont-ils venus de toute la France ? 850 000 au moins (selon la préfecture de Police, rarement généreuse dans ses estimations), mais 1 million et demi (d'après les organisateurs, enclins à majorer les participants). De l'avis général, un rassemblement imposant, et dans l'ordre, où se retrouvent l'essentiel de la nomenklatura de la droite et du centre - Jacques Chirac et Valéry Giscard d'Estaing, Raymond Barre, Jacques Chaban-Delmas, Simone Veil, Jean Lecanuet, et même Jean-Marie Le Pen dont les organisateurs se seraient volontiers passés- et d'autres, beaucoup d'autres. Les évêques ont béni le rassemblement, mais avec modération.

Il est vrai qu'on à beaucoup défilé depuis six mois, et d'abord les défenseurs de l'école privée : 60 000 à Bordeaux (22 janvier), 120 000 à Lyon (29 janvier), 220 000 à Rennes (18 février), 250 000 à Lille (25 février), 550 000 à Versailles (le 4 mars). Mais le 24 juin marque une date et s'inscrit dans l'inventaire des grandes, des très grandes manifestations à la française.

Les laïques, eux aussi, se sont retrouvés au coude à coude, mais le plus souvent un cran au dessous. Le 25 avril, leurs défilés décentralisés n'en totalisent pas moins 1 million de personnes.

Forts de l'appui populaire, les dirigeants catholiques confirment leur conviction. « Nous ne céderons jamais », assure Pierre Daniel tandis que le père Guiberteau voit dans le 24 juin « un appui précieux, pour des jours encore inquiétants ». D'autre part, le gouvernement et les laïques s'emploient à rassurer. Pierre Mauroy parle de « malentendu total » et Michel Bouchareissas garantit que « la liberté n'est menacée par personne ».

Apaisement ?

À l'évidence, la balle désormais est à l'Élysée. Après un voyage en Auvergne début juillet où il invite à « cesser la suspicion », après le rejet par les députés de la motion sénatoriale réclamant un référendum sur l'école, François Mitterrand monte en ligne le 14 juillet. Retrait du projet Savary et référendum en septembre, après une révision de la Constitution, pour étendre le champ de la consultation populaire aux libertés publiques, annonce le chef de l'État. Repli sur l'école, mais contre-attaque sur le référendum demandé par le Sénat qui exige, avant d'être soumis aux électeurs, un accord des deux assemblées.

Un référendum sur le référendum et un scénario en trois étapes. À la première, Alain Savary, tenu à l'écart de la nouvelle distribution des cartes, rend son portefeuille, suivi par Pierre Mauroy qui constate, dans sa lettre de démission, que « la situation politique appelle maintenant la formation d'un nouveau gouvernement ». À l'acte II, Laurent Fabius, aussitôt désigné à Matignon, est investi de la confiance de l'Assemblée nationale, malgré le retrait des ministres communistes de son gouvernement.

Voilà le Sénat - et c'est la troisième phase du plan Mitterrand - saisi du projet de révision constitutionnelle, pour « permettre aux Français de se prononcer par référendum sur les garanties fondamentales en matière de liberté publique ». Que faire pour l'opposition ? Pour échapper au piège présidentiel, les élus RPR, Républicains indépendants et centristes votent, à l'initiative de Charles Pasqua, une question préalable qui renvoie le projet gouvernemental aux députés qui l'acceptent sans coup férir. Constat de désaccord, c'est l'impasse et le tomber de rideau. Faute d'avoir réussi dans ses ambitions sur l'école, François Mitterrand se tire du guêpier où l'avait précipité un quarteron de députés socialistes trop zélés.

Reste pour le nouveau ministre de l'Éducation Nationale, Jean-Pierre Chevènement, à débrider l'abcès de l'enseignement privé. Après quelques semaines d'intenses négociations tous azimuts, le successeur d'Alain Savary fait connaître « les dispositions simples et pratiques » qui doivent gérer le pluralisme scolaire. Le ministre lâche du lest : en accord avec l'enseignement catholique, l'État renonce à la titularisation des enseignants du privé et maintient les contrats simples qui permettent aux écoles catholiques d'être déchargées de la rémunération des maîtres. Aux laïques, Jean-Pierre Chevènement concède l'abrogation des dispositions de la loi Guermeur sur les pouvoirs des chefs d'établissements privés dans le choix des maîtres et les obligations des municipalités. Laïques et catholiques pavoisent également, le ministre triomphe et fixe à tous un même objectif : « regarder vers l'avenir et s'attaquer à la rénovation du système éducatif dans un esprit positif ». Qui ne souscrirait à cette ambition ?

Le répit dure huit ans, jusqu'aux accords Lang-Cloupet du 13 juin 1992 qui prévoient le remboursement de 1,8 milliards de francs en six années aux établissements privés sous contrat, au titre des arriérés sur le forfait d'externat[89]. De même, sont fixées les nouvelles modalités sur la participation de l'État aux dépenses de fonctionnement de l'enseignement privé, et aussi

---

[89] Jack Lang a remplacé Lionel Jospin comme ministre de l'Éducation Nationale dans le gouvernement dirigé par Pierre Bérégovoy depuis le 2 avril 1992. Le père Max Cloupet a succédé au Chanoine Guiberteau au secrétariat général de l'Enseignement catholique.

sur la parité de traitement entre public et privé pour les personnels enseignants. À trois mois du référendum sur le traité de Maastricht du 20 septembre, dont les augures prévoient une issue incertaine, François Mitterrand efface un contentieux qui pourrait distraire certains catholiques d'un vote positif.

Est-ce la fin de la guerre des deux écoles ? La guerre reprend en 1994 avec la proposition de loi du député RPR de la Marne Bruno Bourg-Broc, qui vise à accroître l'aide aux établissements sous contrat d'association. En dix ans, leur nombre a fortement augmenté : de 35 % en 1982, il a progressé à 56 % en 1994, les autres écoles restant sous le régime des contrats simples.

Adoptée le 28 juin, après des échanges mouvementés, par 474 députés (RPR et UDF) contre 86 (socialistes et communistes), la proposition BBB fait sauter le verrou de la loi Falloux (15 mars 1850) qui limite à 10 % la contribution des collectivités publiques aux investissements des écoles privées. L'Élysée refuse de l'inscrire à l'ordre du jour de la session extraordinaire de juillet, renvoyant ainsi son examen à l'automne. À la faveur d'un rapport d'experts dirigés par le doyen Vedel qui souligne le mauvais état des établissements privés, le ministre de l'Éducation Nationale, François Bayrou, brave l'obstruction de la gauche en faisant inscrire le texte BBB à l'ordre du jour du Sénat. Après une discussion très vive, la majorité sénatoriale, le 14 décembre, l'approuve « en l'état » (sans nécessité d'une « navette » entre les deux assemblées). « Un passage en force », regrettera François Bayrou pendant sa campagne présidentielle de 2007.

À l'époque, le père Cloupet approuve : « Il n'y a plus de contentieux entre l'enseignement catholique et l'État », promet-il. Sans convaincre le primat des Gaules, le cardinal Decourtray qui apporte au camp laïque un renfort inattendu : « En prenant le temps, dit-il, on aurait pu éviter la guerre scolaire ». Le doyen Vedel partage ce sentiment. François Mitterrand, lui, se déclare « surpris et choqué » par la procédure utilisée. Les Français se disent plutôt partagés : 61 % sont attachés à l'école publique, mais 59 % se prononcent pour la révision de la loi Falloux…

Cette fois, ce sont les laïques qui livrent la bataille de l'opinion. À l'appel du CNAL et des partis de gauche, ils occupent le pavé de Paris le 16 janvier. Avec la même question que le 24 juin 1984 : combien sont-ils ? Moins que dix ans plus tôt. Une foule énorme cependant -de 700 000 à 1 million, selon les sources- malgré l'hiver qui n'incite guère à arpenter les rues, en dépit également du faible délai imparti pour la mobilisation.

S'achemine-t-on vers une surenchère où pourrait sombrer le gouvernement Balladur comme naguère celui de Pierre Mauroy ? Dans un débat où les passions guettent toujours, le Premier ministre cherche à calmer le jeu. Le 27 janvier, il réunit une table ronde sur « l'avenir du système éducatif » et désigne, parallèlement, une commission chargée d'évaluer les besoins de tous les établissements français.

La sortie de crise pourtant viendra du Conseil constitutionnel. Sans faire perdre la face au gouvernement, les neuf « Sages » du Palais-Royal annulent l'article majeur de la proposition Bourg-Broc sur l'aide à l'enseignement catholique, qu'ils jugent contraire à l'article 40 de la Constitution interdisant toute disposition qui aggrave la charge publique.

Grâce au renfort des « Sages », l'apaisement revient. Des commissions se mettent au travail pour mener, comme s'en félicite le porte-parole du gouvernement et ministre du Budget, Nicolas Sarkozy, « un grand débat de société ».

Il y en aura d'autres.

Est-ce à dire qu'entre les deux écoles tout conflit pour l'avenir soit écarté ? Depuis 1994, l'enseignement public et l'enseignement catholique coexistent à peu près pacifiquement. Seule certitude, la paix scolaire est à la merci d'une initiative malencontreuse.

La nouveauté paraît que les acteurs des conflits d'hier en semblent aujourd'hui conscients.

CHAPITRE 13

1986-1993-1997
TROIS COHABITATIONS,
NEUF ANS DE CONFLITS

Pour les socialistes, 1981 est une année faste : après l'élection de François Mitterrand à l'Élysée le 10 mai, le PS et ses alliés communistes (et radicaux de gauche) obtiennent une forte majorité dans l'Assemblée nationale élue les 14 et 21 juin[90]. Les deux années suivantes en revanche, la gauche au pouvoir accumule les ratés : 267 sièges de conseillers généraux lui échappent aux cantonales des 14 et 21 mars 1982, et elle perd 31 mairies de plus de 30 000 habitants les 6 et 13 mars 1983 (15 pour les socialistes, autant pour les communistes).

À moins d'un redressement improbable, la gauche est guettée par une défaite massive aux législatives de mars 1986, au risque de mettre face à face un président de gauche et une majorité parlementaire de droite.

Dans ce contexte, la prise de position d'Édouard Balladur retient l'attention quand, dans un article du *Monde* du 16 septembre 1983, il observe que « nos institutions n'ont jamais connu leur minute de vérité, celle où devraient cohabiter un président de la République d'une tendance et une Assemblée nationale d'une autre ».

Ancien secrétaire général de l'Élysée sous Georges Pompidou, Édouard Balladur n'est pas, pas encore, pour Jacques Chirac « un ami de 30 ans ». Il n'est pas, pas encore, le n° 2 du RPR après le maire de Paris (dont Charles Pasqua

---

[90] Sur les 491 députés élus les 14 et 21 juin 1981, les socialistes (et MRG) en comptent 283. Le RPR a 88 députés, l'UDF 63 et les communistes 44.

apparaît toujours comme le bras droit). Aux côtés de l'ex-Premier ministre de Valéry Giscard d'Estaing, son autorité s'affirme cependant.

Si la majorité présidentielle et la majorité parlementaire ne coïncident pas, explique Édouard Balladur, « le monarque présidentiel » de la Ve République et l'Assemblée nationale auront le choix entre deux attitudes : ou « rechercher l'affrontement » ou « tenter la cohabitation », c'est-à-dire « explorer les possibilités d'une certaine vie en commun ». Comment ? « Par des concessions réciproques ».

Selon le schéma dessiné par le député de Paris, le chef de l'État conserverait le choix du Premier ministre, la présidence du conseil des ministres, la signature des projets de loi et des décrets les plus importants, le droit de demander une deuxième délibération des lois, le choix de dissoudre l'Assemblée nationale. Le président ne serait donc pas, comme sous les Républiques précédentes, le président des chrysanthèmes.

Parallèlement, la majorité parlementaire aurait à composer dans la mise en œuvre de son programme.

Conclusion d'Édouard Balladur : provisoire et imparfaite, la cohabitation offre un avantage majeur, celui d'éviter une crise de régime, un régime qui, « pour la première fois depuis deux siècles assure à la fois la liberté des citoyens et l'autorité du pouvoir ».

Malgré ses précautions d'écriture, le message d'Édouard Balladur (dont nul ne doute qu'il a l'agrément de Jacques Chirac) rompt avec la tradition gaulliste, et même pompidolienne. Du fonctionnement des institutions, de Gaulle avait une conception qui peut se résumer de deux phrases : « Si la majorité parlementaire censure le gouvernement de mon choix, je dissous l'Assemblée nationale. Et si le corps électoral confirme la majorité parlementaire, je démissionne et repars à Colombey ».

Analyse voisine de Georges Pompidou : « Si nous perdons les élections (les législatives de 1973), dit-il à Valéry Giscard d'Estaing, je partirai. Je n'ai pas l'intention de rester à l'Élysée pour me trouver un jour ridiculisé »[91].

Entre Georges Pompidou et Édouard Balladur, Valéry Giscard d'Estaing, adopte une attitude qu'on peut qualifier d'intermédiaire : « J'exercerai jusqu'au bout mon mandat de président de la République. Si l'opposition emporte la majorité (aux législatives de mars 1978), je nommerai son dirigeant naturel, François Mitterrand ». Et VGE ajoute : « Dès l'annonce de la nomination du Premier ministre, j'irai m'installer à Rambouillet. Je me contenterai de présider le conseil des ministres, le conseil supérieur de la magistrature et de recevoir les lettres de créances des ambassadeurs ». Mais, précise-t-il, deux armes lui restent : le droit de dissolution et la démission[92].

Les déboires politiques de la gauche et l'analyse Balladur ramènent la cohabitation dans l'actualité. Au RPR et à l'UDF, beaucoup souhaitent en revenir à la conception gaullienne des institutions - pourvu, comme ils le croient, que les électeurs leur rendent la majorité en 1986 - et donc, que François Mitterrand retrouve au plus vite sa bergerie des Landes. Reste qu'élu en 1981, le président est là jusqu'en 1988... Alors, refuser la cohabitation pour l'acculer à la démission ?

Dans la controverse qu'introduit Édouard Balladur, la droite se partage. Jacques Chirac se rallie officiellement à la cohabitation en soulignant que « le président préside et (que) le gouvernement gouverne ». Raymond Barre en revanche refuse la cohabitation qu'il juge contraire à la logique des institutions.

François Mitterrand, quant à lui, se prépare à la cohabitation, mais à une cohabitation musclée. Opportunément, le chef de l'État se souvient que le programme commun prévoit le retour à la représentation proportionnelle pour l'élection des députés. Une instillation de proportionnelle, comme on en débat ? Pas du tout. François Mitterrand opte pour la proportionnelle

---

[91] Valéry Giscard d'Estaing. Mémoires. *Le pouvoir et la vie*, Tome 3, *Choisir*. Cie 12 (p. 64 et 65).
[92] Valéry Giscard d'Estaing. Mémoires. *Le pouvoir et la vie* Tome 3, *Choisir*. Cie 12 (p. 66).

intégrale au niveau du département. Comme sous la IVe République.

La droite s'indigne d'une telle manipulation un an avant les législatives. Les députés de gauche, eux, approuvent largement un changement de scrutin qui évitera à beaucoup d'entre eux le couperet du scrutin majoritaire. Grâce à la proportionnelle, le chef de l'État disposera dans l'Assemblée de 1986 d'un groupe socialiste fort (215 députés) qui ne laisse au RPR et à l'UDF qu'une majorité étique (292 députés sur 577). Pour sa part, le Front National fait son entrée à l'Assemblé nationale avec 35 élus.

François Mitterrand a l'habileté de jouer la cohabitation en écartant les manœuvres subalternes, l'appel à des minoritaires de la majorité, Jacques Chaban-Delmas ou Valéry Giscard d'Estaing, par exemple. Sans barguigner, le chef de l'État désigne comme Premier ministre le chef naturel de la droite, Jacques Chirac qui essuie avec lui les plâtres d'une cohabitation que la France politique va vivre trois fois durant neuf ans entre 1986 et 2002.

Trois cohabitations différentes par leurs acteurs, leurs épisodes, leur durée.

• **La première cohabitation** (mars 1986 – mai 1988) entre François Mitterrand et Jacques Chirac, entre un président qui se cacha longtemps d'être candidat à sa propre succession et un Premier ministre qui affichait sa volonté de le remplacer, sera franchement et continûment conflictuelle. Affirmer ses prérogatives sera pour François Mitterrand une volonté permanente. Dès le sommet du G7 de Tokyo (mai 1986), le Premier ministre se retrouve relégué au rôle de brillant second par un président qui refuse de voir ses pouvoirs régaliens entamés.

L'épreuve de force viendra deux mois plus tard à propos des ordonnances autorisant les privatisations (65 entreprises sont concernées). Le 14 juillet, François Mitterrand signifie qu'elles lui posent « un cas de conscience » dans la mesure où –juge-t-il- elles risquent de faciliter la mainmise étrangère. Si le gouvernement persiste, qu'il fasse voter une loi par le parlement, suggère le chef de l'État.

La cohabitation dans la cohabitation

À l'évidence, le Premier ministre hésite devant l'épreuve de force. Au RPR, certains l'y poussent, tel le ministre de l'Intérieur, Charles Pasqua. Pour éviter une crise au dénouement incertain, Jacques Chirac choisit la loi : le conseil des ministres approuve le projet gouvernemental qui est voté selon la procédure expéditive de l'article 49.3. Un retard de quelques jours à peine, mais Jacques Chirac a reculé devant la détermination du président qui a fait la preuve de son ascendant politique et institutionnel.

François Mitterrand récidive pour les ordonnances sur le redécoupage électoral. Là aussi, le chef du gouvernement s'incline. Il en ira de même concernant les ordonnances sur l'aménagement du temps de travail. Refus de François Mitterrand, vote en conseil des ministres, article 49.3. À chaque fois, le Premier ministre se plie aux exigences du président. Sans qu'elles l'empêchent de faire sa politique.

Numéro 2 du gouvernement et ministre de l'Économie et des Finances, Édouard Balladur constate qu'en seize mois, douze groupes représentant 29 des 65 entreprises promises à la privatisation sont déjà dénationalisés. Même si le succès n'est pas toujours au rendez-vous, par exemple pour la réforme Devaquet sur l'enseignement supérieur qui sombre avec le matraquage à mort de l'étudiant Malik Oussekine.

Après le fleuret à peine moucheté, le sabre d'abordage : la guerre est déclarée à la télévision le 22 mars 1988, à cinq semaines du premier tour de l'élection présidentielle quand François Mitterrand annonce officiellement sa candidature contre « les clans, les bandes, les factions » qui menacent « la paix civile ». Contre l'État-RPR à la conquête de la nation, il se présente comme le candidat de la « France unie ».

Classiquement, le Premier ministre répond dès le lendemain en dénonçant « ce que fut, pendant cinq ans (avant la cohabitation donc) la mainmise socialiste sur tous les rouages de l'État. Après le premier tour qui, le 24 avril, donne l'avantage au président[93], le conflit entre les deux hommes atteindra son sommet dans le duel télévisé du 28 avril. Après des échanges sans surprise sur l'immigration, l'emploi et l'insécurité, un incident très vif, le plus vif de la campagne, oppose François Mitterrand et Jacques Chirac à propos de l'iranien Wahid Gordji dont l'échange a mis fin à la « guerre des ambassades », entre Paris et Téhéran. « Les yeux dans les yeux », le chef de l'État et le chef du gouvernement s'accusent mutuellement de mensonge.

Une atmosphère que ne contribuera pas à détendre l'assaut de la grotte d'Ouvéa le 5 mai en Nouvelle Calédonie où, après le meurtre de 4 gendarmes, 19 indépendantistes trouvent la mort.

Indubitable vainqueur du second tour, François Mitterrand triomphe le 9 mai avec 54,01 % des suffrages.

• **La seconde cohabitation** (mars 1993 - mai 1995) entre François Mitterrand et Édouard Balladur, sera paisible, aseptisée, presque douce. Les deux acteurs savent qu'ils ne seront pas candidats l'un contre l'autre à l'échéance présidentielle de 1995. François Mitterrand achève son second septennat. En dehors même de toute considération politique, l'âge (il aura 78 ans en 1995) et la maladie (opéré en 1992, il le sera à nouveau en 1994) lui interdisent une nouvelle candidature. Édouard Balladur non plus n'est pas candidat et, semble-t-il, n'envisage pas de le devenir. La cohabitation, débarrassée de sa concurrence personnelle permanente est, naturellement plus facile.

Comme en 1986, François Mitterrand entend que son domaine réservé soit respecté. Avec les ministres concernés, Alain Juppé (Affaires étrangères) et François Léotard (Défense), les relations de l'Élysée seront d'ailleurs globalement sereines.

---

[93] Le 24 avril 1988, François Mitterrand obtient 34,10 % des suffrages, devant Jacques Chirac (19,9 %), Raymond Barre (16,55%) et Jean-Marie Le Pen (14,55 %).

Au surplus, la méthode Balladur, de concertation et d'écoute, aide à dédramatiser les conflits. Comme le dira le chef de l'État le 25 octobre 1988, après six mois de pratique -et on mesure dans sa réflexion le changement de climat avec la cohabitation précédente- « le Premier ministre que j'ai choisi (...) a un tempérament qui lui permet d'aborder chaque problème avec moi dans des termes qui ne sont pas a priori antagonistes ». Et pour faire bonne mesure, François Mitterrand lui décerne un brevet d'homme d'État.

Édouard Balladur avance, mais à pas comptés, soucieux de ne heurter ni le président, ni l'opinion. S'il sent une résistance, il recule et s'attache à effacer les traces du différend. On le verra à propos de la réforme de la loi Falloux voulue par son ministre de l'Éducation Nationale, François Bayrou qui provoquera une imposante manifestation laïque le 16 janvier 1994[94]. Le Premier ministre bat en retraite et les dégâts dans l'opinion ne durent pas.

Et pas davantage dans l'affaire du CIP, le Contrat d'Insertion Professionnelle que des dizaines de milliers d'adolescents dénoncent dans la rue comme un SMIC –Jeunes dont ils ne veulent pas. Là aussi, le chef du gouvernement préfère céder, mais il applique l'essentiel de sa politique, la relance des privatisations, les projets Pasqua d'immigration zéro, la réforme du code de la nationalité notamment.

Progressivement, cependant, le Premier ministre doit se battre sur deux fronts. Si la cohabitation Mitterrand-Balladur se poursuit sans trop d'à-coups, il en va autrement de la cohabitation entre Jacques Chirac et Édouard Balladur. En refusant de devenir Premier ministre pour la troisième fois, le leader du RPR a investi le chef du gouvernement d'une mission décisive, lui ouvrir les portes de l'Élysée.

Le constat s'impose néanmoins : porté par les sondages qui lui seront continûment favorables jusqu'à la fin 1994, Édouard Balladur apparaît comme présidentiable, et le meilleur

---

[94] Voir « 1984-1994. La guerre scolaire met les Français dans la rue » (p. 141).

présidentiable de son camp. Dès décembre 1993, deux ministres UDF importants, Simone Veil et François Léotard, appellent à une candidature Balladur et initient un mouvement de ralliement qui touche également le parti chiraquien. Jusqu'à Charles Pasqua, longtemps le plus proche « compagnon » de Jacques Chirac, pour qui le Premier ministre apparaît désormais « le plus à même de défendre les idées gaullistes ».

Modestement, le chef du gouvernement admet disposer d'un « petit matelas d'opinions favorables » et promet de faire connaître sa décision en janvier 1995. En attendant l'entrée en lice d'Édouard Balladur le 18 janvier où il endosse la casaque du « Rassemblement le plus large des Français », Jacques Chirac se lance dans la mêlée le 4 novembre en dénonçant la trahison du Premier ministre. À ses côtés, le fidèle Alain Juppé et deux autres ministres de l'équipe Balladur - mais deux seulement -, Alain Madelin et Jacques Toubon.

Sur les chances de Jacques Chirac, personne ne mise sérieusement. Contre le Premier ministre qu'il taxe de « candidat des riches », l'adversaire d'Édouard Balladur dénonce la fracture sociale et tient un langage résolument populiste. Surtout, Jacques Chirac utilise avec maestria les deux atouts qui lui restent, la ville de Paris, formidable bastion au service de son maire, et les militants RPR dont l'efficacité électorale s'est affirmée depuis vingt ans. Face à ce rouleau compresseur, les comités Balladur, appuyés par les notables UDF, ne font pas le poids. En même temps, Jacques Chirac en campagne est une formidable bête électorale alors que son style enferme le Premier ministre dans un portrait qui n'attire guère les foules. Le faire grimper sur une table pour haranguer ses partisans brouille son image sans séduire. Comme Édouard Balladur en convient lui-même : « Je suis tel que Dieu m'a fait. Je ne peux pas changer ».

Au surplus, Jacques Chirac se découvre un allié inattendu, Valéry Giscard d'Estaing qui rejette l'OPA du Premier ministre sur l'UDF et qui adoube celui qui a torpillé sa candidature en mai 1981[95].

Gaffes à répétition

À gauche - mais la gauche continue à panser ses plaies de 1993 et sait qu'elle joue les seconds rôles dans la compétition présidentielle-, les socialistes investissent Lionel Jospin, le 2 février. À la surprise générale, le leader socialiste arrive en tête des 9 candidats du 23 avril avec 23,31 % des suffrages devant Jacques Chirac (20,73 %) qui précède Édouard Balladur (18,54%) et Jean-Marie Le Pen (15,07 %). Beau joueur, le Premier ministre se désiste chaleureusement pour son ennemi de la veille qui, le 7 mai, l'emporte facilement sur Lionel Jospin (avec 52,59 % contre 47,41 %). Le maire de Paris a gagné la cohabitation dans la cohabitation avant de devenir le cinquième président de la V° République.

• **La troisième cohabitation** (juin 1997 – avril 2002), entre Jacques Chirac et Lionel Jospin, ne dresse pas, au contraire des deux précédentes, un président de gauche contre une majorité parlementaire de droite, mais l'inverse. Simultanément, elle s'annonce de longue durée : la 1re et la 2e cohabitations survenaient à la fin du premier, puis du second septennat de François Mitterrand. Après la victoire de la gauche aux législatives anticipées de 1997[96], la 3e cohabitation prévoit en 2002 un rendez-vous présidentiel où le chef de l'État et le chef du gouvernement savent qu'ils se retrouveront adversaires. Dans cinq ans donc.

En même temps, les affrontements droite-gauche changent de terrain. Après la période d'intenses nationalisations du premier septennat mitterrandien, le « ni...ni... » (ni nationalisations, ni privatisations) du second septennat avait émoussé le différend. Désormais, Lionel Jospin poursuit les

---

[95] Voir « 10 mai 1981. La Ve République se donne un président de gauche ». (p. 105).
[96] Sur 577 députés, les législatives des 25 mai et 1er juin 1997 donnent 258 élus aux socialistes (et MRG), 140 au RPR, 109 à l'UDF et 37 aux communistes.

privatisations initiées par Jacques Chirac en 1986 et confirmées par Édouard Balladur en 1988. Au point, dans ce domaine, que les critiques adressées au Premier ministre socialiste lui viennent de la gauche de la gauche qui lui reproche de privatiser plus vite et davantage qu'Édouard Balladur…

À gauche et à droite en revanche, la durée du travail offre un terrain de discorde permanent. Dès novembre 1997, Jacques Chirac dénonce « le mirage des expérimentations hasardeuses » que constitue, à ses yeux, le projet gouvernemental de réduction à 35 heures de la durée hebdomadaire du travail. Sans surprise, la majorité parlementaire approuve les 35 heures dont deux lois votées en 1998 et 2000 précisent l'application selon la taille des entreprises. Les désaccords sur les effets de la RTT, la réduction du temps de travail (de 50000 à 500 000 emplois créés selon les estimations), son coût (jusqu'à 65 milliards d'euros d'après certaines évaluations) et la flexibilité de l'emploi donnent la mesure des controverses que continuent d'alimenter les 35 heures, au demeurant largement corrigées par la droite depuis son retour au pouvoir

En dehors de ce thème récurrent, Jacques Chirac et Lionel Jospin ne manquent pas d'occasions de s'affronter. Par exemple sur le statut de la Corse, le pacte civil de solidarité, la « cassette Mery » sur le financement occulte du RPR, l'Éducation nationale, la montée de la délinquance et les violences urbaines qui, de plus en plus, inquiètent l'opinion. Cahin-caha cependant, la cohabitation se maintient dans la zone grise des tensions maîtrisées. Sur le quinquennat présidentiel également, Jacques Chirac et Lionel Jospin sont condamnés à marcher ensemble, sinon côte à côte[97].

Le scrutin présidentiel approche cependant et les futurs adversaires prennent date. Dans ses vœux pour 2002, le chef de l'État invite le gouvernement à « ne pas laisser filer le temps », en estimant que « la France ne peut se permettre une année sabbatique ». À quoi, Lionel Jospin réplique que « la France se

---

[97] Voir « 1962 – 2008. À la recherche d'un présidentialisme équilibré » (p. 165).

mobilise, progresse, avance ». Parallèlement, en reconnaissant que le gouvernement a rompu avec une conception un peu angélique de la sécurité, Lionel Jospin ébauche une certaine autocritique dont ses opposants lui donnent acte, quitte à juger sa démarche insuffisante.

Sur un terrain où la gauche n'est pas spontanément à l'aise et où le Front National recrute de solides bataillons électoraux, Jacques Chirac mène l'offensive en dénonçant « la culture de la permissivité et du laxisme » qu'il impute au gouvernement et à son chef. Conjointement, les déchirements de la gauche plurielle où les communistes ne sont pas seuls à critiquer les insuffisances de la politique sociale du gouvernement vont conduire à une multiplicité de candidatures. Finalement, 5 représentants de la majorité parlementaire seront présents dans les urnes !

À cet éclatement de l'ex-gauche plurielle, s'ajoutent les gaffes à répétition du Premier ministre en campagne. Il tance les ouvriers en grève qui l'interpellent en leur rappelant que « l'État ne peut pas tout faire ». Il décrit Jacques Chirac « fatigué, vieilli, victime d'une certaine usure dans l'exercice du pouvoir », en offrant à son concurrent l'opportunité de stigmatiser « l'agressivité, l'arrogance, le mépris » qu'il manifeste à son égard. Le leader du PS a beau battre sa coulpe, se dire « désolé », assurer que cette diatribe « ne lui ressemble pas », l'impression est désastreuse.

De là à imaginer que Jean-Marie Le Pen coiffera Lionel Jospin au poteau, seuls de rares sondages envisageront à la veille du 21 avril un cataclysme qui préparera pour Jacques Chirac - contre Jean-Marie Le Pen - une réélection triomphale, comme jamais président de la République ne l'a imaginé[98].

---

[98] Le 21 avril 2002, Jacques Chirac n'obtient pourtant que 19,77 % des suffrages, devant Jean-Marie Le Pen (16,95 %) et Lionel Jospin (16,12 %). Le 5 mai, Jacques Chirac écrase son concurrent (avec 82,15 % des voix contre 17,85 %).

Au-delà des péripéties qui ont traversé ces trois cohabitations de neuf années, trois leçons méritent d'être retenues :

* la cohabitation, malgré l'escrime permanente qu'elle induit entre le Président de la République et le Premier ministre, n'a pas entraîné l'impuissance gouvernementale ou le blocage institutionnel que certains annonçaient. En revanche elle a réduit la capacité d'initiative du gouvernement.

* les trois Premiers ministres de la cohabitation ont brigué l'Élysée. Aucun d'entre eux n'a été élu. Et si Jacques Chirac est devenu chef de l'État, ce fut en 1995 où il ne dirigeait plus le gouvernement.

* les deux présidents qui se sont représentés ont été l'un comme l'autre réélus, François Mitterrand en 1998 et Jacques Chirac en 2002. En conclure que la cohabitation joue en faveur du président n'est pas, semble-t-il, arbitraire.

Ce triple constat établi, l'interrogation concerne la cohabitation elle-même. Dès lors que le mandat présidentiel a été ramené de 7 à 5 ans - la même durée que pour l'Assemblée nationale - et que l'élection des députés suit de quelques semaines la désignation du chef de l'État, la concordance entre la majorité présidentielle et la majorité parlementaire devient une probabilité, et même davantage. Conformément, d'ailleurs, à l'objectif des artisans du quinquennat.

CHAPITRE 14

1962-2008
À LA RECHERCHE D'UN PRÉSIDENTIALISME ÉQUILIBRÉ

Vingt-trois révisions constitutionnelles en un demi-siècle : la réforme du 21 juillet 2008 s'inscrit dans la démarche répétée de la V° République, celle d'un régime parlementaire à direction présidentielle forte. « À la française », disent ses partisans, soucieux de se distinguer du système américain.

Après l'élection du chef de l'État au suffrage universel, votée le 28 octobre 1962 et avec la réduction du mandat présidentiel de sept à cinq ans approuvée le 24 septembre 2000 -par référendum dans les deux cas -les novations institutionnelles décidées par les sénateurs et les députés le 21 juillet participent d'une évolution qui, en cinquante ans, aura profondément changé la loi fondamentale de la République, tout en confirmant le primat du chef de l'État[99].

Ambitieuse, (elle concerne 33 des 89 articles de la Constitution) la réforme ardemment voulue par le président Sarkozy n'aura été avalisée qu'à l'arraché par 539 députés et sénateurs contre 357 (sur 896 suffrages exprimés pour 906

---

[99] À défaut de référendum, l'article 89 de la Constitution requiert le vote conforme du Parlement réuni en congrès à Versailles à la majorité des trois cinquièmes des suffrages exprimés.

parlementaires en fonction), une voix de plus que la majorité des trois cinquièmes requise[100].

Pour l'histoire, ce résultat rejoint celui de l'amendement Wallon qui décida en 1875 de l'institution de la IIIe République et en 1793 celui de la condamnation à mort de Louis XVI, vote acquis à une voix de majorité dans les deux cas.

Outre une implication personnelle et permanente du président de la République, l'examen du projet de réforme aura réclamé un an de consultations dans la recherche d'un consensus qui, finalement, s'est révélé impossible.

Simple, l'argumentaire de ses partisans insiste sur une triple exigence, moderniser les institutions, accroître les pouvoirs du Parlement, donner de nouveaux droits aux citoyens. Au contraire, les critiques de la révision déclinent « l'hyperprésidentialisme » pratiquée par le chef de l'État – « une monocratie » accuse l'ancien président socialiste du Conseil constitutionnel Robert Badinter – les lacunes et les faux-semblants du projet.

À l'examen, on est plutôt tenté d'observer que la réforme ne mérite ni l'excès d'honneur dont la créditent ses supporters ni l'indignité dont la soupçonnent ses détracteurs.

Si certaines dispositions de la réforme demeurent d'un intérêt relatif, d'autres vont au-delà de la seule cosmétique institutionnelle et, dans plusieurs domaines, marquent des avancées :

* le président de la République ne pourra exercer plus de deux mandats successifs (et rester en fonction au-delà de dix ans donc), décision qui s'appliquera à partir de 2017.

---

[100] À l'Assemblée nationale, ont voté pour la révision : 310 députés UMP ; 23 « Nouveau centre » ; 9 radicaux de gauche ; 1 socialiste (l'ancien ministre socialiste Jack Lang) ; 1 non inscrit. Ont voté contre : 194 socialistes et radicaux de gauche ; 24 « gauche démocratique et républicaine » (communistes et verts) ; 6 UMP et 6 non–inscrits. Se sont abstenus : 1 UMP, 1 « Nouveau centre », 1 non-inscrit
Au Sénat, se sont prononcés pour la révision : 158 élus UMP ; 24 «Union centriste-UDF », 11 Rassemblement démocratique et social européen ; 2 non-inscrits. Ont voté contre : 95 PS et Verts ; 23 communistes, républicains et citoyens ; 4 Rassemblement démocratique et social européen ; 2 « Union centristes-UDF » ; 2 non-inscrits ; 1 UMP. Se sont abstenus : 4 non-inscrits ; 2 Rassemblement démocratique et social européen (dont l'ancien ministre socialiste Michel Charasse) ; 1 non-inscrit.

- Il pourra s'adresser directement au congrès du Parlement (alors qu'auparavant, il communiquait par message avec les Assemblées). Suivra un débat sans vote qui se tiendra hors sa présence.
- Ses interventions sur la politique française feront l'objet d'un droit de réponse de l'opposition.

* **Gouvernance** : la réforme a renoncé à modifier l'article 20 de la Constitution selon lequel « le gouvernement détermine et conduit la politique de la nation » sans reconnaître au chef de l'État la plénitude des pouvoirs que de fait il exerce.

Hormis les périodes de cohabitation où le chef du gouvernement s'appuie sur la majorité parlementaire pour appliquer ses orientations, l'article 20 ne s'est jamais imposé quand concordent majorité présidentielle et majorité parlementaire.

La fonction d'un Premier ministre décideur de la politique gouvernementale est conservée, elle n'est pas accréditée.

***Parlement** : l'ordre du jour est partagé à égalité entre le gouvernement et les assemblées.
- les débats en séance publique auront lieu sur les textes retenus par les commissions et non sur les projets déposés par l'exécutif (sauf pour le budget et le financement de la Sécurité sociale).
- une majorité des trois cinquièmes pourra s'opposer aux nominations proposées par l'Élysée pour certaines responsabilités majeures (conseil constitutionnel, par exemple).
- pour juger du suivi des décisions des assemblées, une semaine sur quatre sera réservée au contrôle parlementaire.
- l'opposition pourra désigner un contre-rapporteur à un texte gouvernemental.
- les Français de l'étranger seront représentés à l'Assemblée nationale (12 sièges leur sont accordés comme au Sénat, sans que le nombre global des 577 députés soit augmenté).
- le nombre des commissions permanentes est porté de six à huit.

* **Engagement de responsabilité** : la procédure expéditive de l'article 49.3 est désormais limitée[101] : elle s'appliquera aux budgets de l'État et de la Sécurité sociale ainsi qu'à un autre texte par session. En revanche, le vote bloqué (article 44) demeure.

* **Droits des citoyens** : l'institution d'un « Défenseur des droits» nommé pour six ans (mais non renouvelable), chargé de veiller au respect des droits et des libertés, renforce les compétences jusqu'ici dévolues au « Médiateur de la République» et l'apparente à l'ombudsman suédois.

Un citoyen peut saisir le Conseil constitutionnel pour faire obstacle à une loi qu'il estimerait contraire au droit (avec le filtre du Conseil d'État ou de la Cour de cassation). Cette disposition qualifiée de « question prioritaire de constitutionnalité» complète le droit de saisine du Conseil constitutionnel limité par la Constitution de 1958 au président de la République, au Premier ministre et aux présidents des deux Assemblées et élargi en 1974 à 60 députés ou sénateurs. De même, les citoyens peuvent obtenir un référendum populaire mais dans des conditions contraignantes (nombre de parlementaires et pourcentage des citoyens, notamment) qui en font une éventualité largement théorique.

Le ni...ni...de la réforme

***Militaires à l'étranger** : dans les trois jours, l'exécutif aura à informer le Parlement de l'envoi de troupes françaises à l'étranger ; au-delà de quatre mois, leur intervention devra être approuvée par un vote.

* **Le Conseil supérieur de la magistrature** n'est plus présidé par le président de la République, mais par le Premier président de la Cour de cassation.

---

[101] Cette procédure permet de considérer comme adopté un texte sur lequel le gouvernement engage sa responsabilité, sauf motion de censure votée à la majorité absolue des députés.

Pour la première fois, les juges ne détiennent plus la majorité au CSM.

* **Le droit de grâce** du chef de l'État devient strictement individuel.

* **La parité**, reconnue depuis 1999 dans le monde politique, est étendue aux responsabilités professionnelles et sociales.

* **Langues régionales** : leur reconnaissance est inscrite au patrimoine national.

* **Union européenne** : en principe, un référendum devra intervenir pour toute adhésion nouvelle à l'Union (la Turquie, par exemple). Toutefois, cette exigence sera assouplie pour les petits pays européens qui pourraient rejoindre l'Union (la Croatie et la Serbie, notamment).

Au total, la réforme Sarkozy n'opte pas pour le régime présidentiel qui aurait impliqué une triple suppression, celles du Premier ministre, du droit de censure par l'Assemblée nationale et du droit de dissolution par le président. Pas davantage en faveur d'un authentique régime parlementaire qui aurait renforcé franchement les assemblées face à l'exécutif. Le président de la République conserve l'ensemble des prérogatives qui en font une exception dans les démocraties occidentales.

Pour sa part, le comité de réflexion sur les institutions présidé par l'ancien Premier ministre Édouard Balladur (et dont le vice-président, Jack Lang, sera à Versailles l'unique parlementaire socialiste à se prononcer pour la réforme) aura tenté en vain de faire prévaloir une majorité d'idées qui aurait rassemblé l'essentiel de la droite et de la gauche, les parlementaires UMP et socialistes.

En déclarant « Je ne changerai pas les grands équilibres de nos institutions (...), je ne tournerai pas la page de la Ve République », le chef de l'État avait marqué sans ambiguïté les limites de la réforme institutionnelle qu'il souhaitait. Handicapé au surplus par la coexistence en son sein de partisans d'un régime présidentiel - Édouard Balladur et Jack Lang notamment – et de défenseurs d'un système plus parlementaire, le comité de réflexion s'est, pour l'essentiel, plié aux directives présidentielles.

Résultat : le président demeure tout autant le pivot de la V° République et, si les assemblées bénéficient de nouveaux pouvoirs, ils s'exercent dans le cadre d'une Constitution qui maintient au chef de l'État un primat institutionnel exclusif et indiscutable.

Plus que le président de la République, le Premier ministre devra compter davantage avec le Parlement si les élus de l'opposition - et, plus encore, ceux de la majorité - exercent pleinement les droits nouveaux qui leur sont reconnus. Entre l'Élysée, le Palais-Bourbon et celui du Luxembourg, le chef du gouvernement n'est pas marginalisé, mais il est diminué. Plus encore qu'auparavant, l'article 20 de la Constitution, selon lequel le gouvernement est le décideur de la politique française, apparaît comme une fiction.

Les citoyens, principaux bénéficiaires de la réforme, acquièrent le droit d'exister en dehors des périodes électorales et peuvent jouer un rôle dans le débat public. Même si l'organisation du référendum populaire et la saisine du Conseil constitutionnel sont solidement encadrés.

Sans que l'expression soit avalisée, la démocratie participative fait ses premiers pas dans la Constitution. La suite dépendra des pouvoirs publics, mais d'abord des citoyens, de leur volonté et de leur aptitude à se prévaloir des droits qui leur sont maintenant reconnus.

En revanche, le « paquet institutionnel » 2008 laisse en l'état trois problèmes importants dans la Ve République, le cumul des mandats, le collège électoral du Sénat et la représentation des minorités politiques.

La France peut-elle se satisfaire d'un cumul qui disperse les parlementaires entre des responsabilités multiples et promène les caméras de télévision sur les travées désertes des hémicycles (au risque d'alimenter le rejet des citoyens révoltés par l'absentéisme des députés et des sénateurs) ? La République est-elle une République adulte quand son collège électoral interdit continûment l'alternance au Sénat depuis trois demi-siècles ? Parallèlement, la démocratie peut-elle s'accommoder d'un scrutin majoritaire exclusif qui interdit l'entrée à l'Assemblée nationale de minorités politiques, même représentatives, ainsi condamnées à s'exprimer ailleurs, et éventuellement dans la rue?

Au mieux, la réforme Sarkozy ne peut être qu'une étape dans le rééquilibrage des institutions de la Ve République. Une réforme à moitié dont, au-delà de la Constitution, la portée dépendra des huit lois organiques qui ont à préciser les nouvelles dispositions. Mais aussi - mais d'abord ? - de la volonté de l'exécutif et, en premier lieu, du chef de l'État lui-même, pour donner sens et contenu à la réforme dont il est le parrain. Une jurisprudence va se créer au cours des prochaines années qui pèsera dans l'ingénierie institutionnelle de la Ve République.

La réforme 2008 n'est pas acquise. À cet égard, la logique mise en place en 1962 par l'élection du président de la République au suffrage universel et poursuivie en 2000 par le passage au quinquennat présidentiel assure l'hégémonie du chef de l'État.

En alignant la durée de son mandat sur celle des députés et, plus encore, en adoptant un calendrier qui renouvelle l'Assemblée nationale dans la foulée de la consultation élyséenne, la révision du 24 septembre 2000 a renforcé de manière décisive le rôle de « guide » du monarque élu par la Ve République.

Pièce maîtresse du dispositif, le quinquennat doit beaucoup à Valéry Giscard d'Estaing. En déposant le 9 mai 2000 une proposition de loi constitutionnelle, l'ancien président de la République (redevenu député du Puy-de-Dôme) n'en cachait pas l'objectif, « rendre plus improbable la coexistence de deux majorités, présidentielle et parlementaire, en réduisant le risque de la cohabitation fondamentalement contraire à l'inspiration gaulliste de la Ve République ».

Solidement enraciné dans le paysage politique depuis les débuts de la IIIe République, confirmé par la IVe République en

1946 et adoubé par la Ve République en 1958, le septennat gaulliste comportait une lacune grave : la Constitution modifiée en 1962 où le suffrage universel décide de l'élection du chef de l'État (confiée en 1958 à un collège de 80 000 notables) laissait en jachère les relations institutionnelles entre une majorité présidentielle et une majorité parlementaire de bords opposés. Entre un président de gauche et une majorité législative de droite, ou vice-versa.

À fronts renversés

Théorisée par nécessité par Édouard Balladur dès septembre 1983 où les déboires électoraux de la gauche laissaient prévoir sa défaite aux législatives suivantes, la cohabitation, qui s'est établie à trois reprises depuis 1986 et pendant neuf ans[102], pose constitutionnellement le problème de la concordance dans la durée entre le mandat du chef de l'État et le mandat de l'Assemblée nationale, et aussi le calendrier de leur élection.

Avec sa proposition d'actualité, à un moment où la proximité de la consultation présidentielle durcit la cohabitation Chirac-Jospin, VGE avance la solution du quinquennat. Le Premier ministre socialiste lui emboîte le pas en initiant une alliance insolite. Sur le principe du quinquennat, le partage politique est inhabituel : les socialistes pour la plupart, l'UDF pour l'essentiel y sont acquis alors que le camp du « non » réunit plusieurs poids lourds de la droite, tels Raymond Barre, Charles Pasqua, ceux qui craignent le retour au régime d'Assemblée. Tandis que, dans un premier temps, Jacques Chirac et les dirigeants du RPR choisissent l'expectative.

Avantage pour les partisans du quinquennat, les trois quarts des Français souscrivent à la réforme. Beaucoup néanmoins se disent également peu motivés, ouvrant ainsi la perspective d'une participation réduite, s'ils sont consultés...

---

[102] Voir «1986-1993-1997. Trois cohabitations, neuf ans de conflits» (p. 153).

Après réflexion, Jacques Chirac endosse le quinquennat en raison, explique-t-il, « des exigences de la démocratie moderne ». Mais à deux conditions : qu'il s'agisse d'un quinquennat « sec » sans autre réforme des institutions (en écartant par exemple, la limitation à deux mandats suggérée par Valéry Giscard d'Estaing dans sa proposition de loi) et que soit maintenu le calendrier électoral de 2002 qui prévoit le renouvellement de l'Assemblée nationale avant le vote présidentiel. Pour l'adoption du projet, le chef de l'État choisit le référendum selon la procédure de l'article 89.

La machine est lancée : au Conseil des ministres du 7 juin, le gouvernement approuve le projet constitutionnel que les députés votent massivement le 20 juin (par 426 voix socialistes, RPR et UDF contre 28), et les sénateurs le 29 juin (par 228 voix contre 34). Surtout, l'Assemblée du Luxembourg ratifie le texte « en termes identiques », condition exigée par l'article 89 pour aller au référendum.

Le 6 juillet, en accord avec le Premier ministre, Jacques Chirac fixe au 24 septembre la date du référendum. Avant de justifier ce choix : « Que diraient les Français si on ne les consultait pas » sur un texte que le président de la République qualifie de « souhaitable et nécessaire » ?

Seule ombre au tableau, les enquêtes d'opinion redoutent une faible participation qu'elles évaluent à 40 % de l'électorat. Le 24 septembre aggrave ce pourcentage : si le vote positif atteint 73,21 % des suffrages exprimés, il dépasse à peine 30 % des électeurs, donnant à l'abstention 69,81 % des inscrits, son niveau le plus élevé pour les neuf référendums organisés jusqu'ici sous la Ve République.

Pour éviter la cohabitation, le quinquennat est nécessaire mais ne suffit pas. Écarter la menace de la cohabitation implique une inversion du calendrier électoral. Selon la logique présidentielle de 1995 (où le second tour a eu lieu le 7 mai) et législative de 1997 (où le deuxième tour est intervenu le 1er juin), l'élection des députés doit se tenir en février ou mars 2002. Avant la désignation du président qui est prévue pour avril…

C'est ce « calendrier dingo » - selon l'expression de François Bayrou - dont les partisans d'un régime présidentiel ou, au moins, présidentialisé, veulent l'inversion pour rendre au chef de l'État son rôle de « clé de voûte des institutions » (selon la formule de Michel Debré) Et, à cette fin, faire élire le plus vite possible après la compétition présidentielle une majorité à l'Assemblée nationale en accord avec la politique du chef de l'État.

Au contraire de Jacques Chirac et du RPR qui flairent dans cette remise en cause une manœuvre contre l'actuel président et futur candidat, le ralliement de Lionel Jospin à l'inversion du calendrier entraîne le ralliement des parlementaires socialistes. Au Palais Bourbon, le 19 décembre, le débat sur la proposition de loi du président de l'Assemblée nationale, le socialiste Raymond Forni, permet pour la première fois une confrontation publique entre partisans et adversaires d'un changement de calendrier.

Ainsi l'ancien Premier ministre RPR Alain Juppé fait écho aux réserves de l'Élysée en dénonçant « une manœuvre de circonstance », tandis que Valéry Giscard d'Estaing, Raymond Barre et Lionel Jospin soutiennent l'inversion. Ce partage qui fait bouger les ligues se déroule à fronts renversés : le RPR, en principe acquis au primat présidentiel défend le statu quo du calendrier. En revanche, la plupart des socialistes, partisans d'un renforcement des pouvoirs du Parlement, approuvent une inversion qui doit affirmer l'autorité du président.

Au vote, la majorité de l'Assemblée nationale favorable à un nouvel agenda électoral est franche, à défaut d'être massive. Elle est surtout inhabituelle : les 300 députés qui se prononcent dans ce sens rassemblent les socialistes (et radicaux de gauche), mais aussi 25 élus UDF. Contre l'inversion, les 245 opposants regroupent les députés RPR, communistes et 31 élus UDF.

Majoritairement hostile à l'inversion, le Sénat confirme son refus à chaque « navette » jusqu'à l'aval définitif des députés le 24 avril qui, en approuvant la proposition Forni, décident une prolongation de leur mandat de onze semaines. Au-delà de la désignation présidentielle donc, mais à une date assez voisine pour que les électeurs soient dissuadés de changer leur vote d'un scrutin à l'autre.

À l'expérience, les législatives de 2002 et 2007 soulignent que la finalité assignée par Valéry Giscard d'Estaing à sa proposition de mai 2000 d'éviter la cohabitation a été respectée. Parallèlement, l'élection préalable du chef de l'État a renforcé les tendances présidentialistes de la Ve République et le pouvoir d'entraînement électoral dévolu au locataire de l'Élysée. Sauf accident, le président paraît assuré d'une majorité à l'Assemblée nationale en accord avec ses propres choix. La Ve République n'est pas une République présidentielle, mais avec le quinquennat et un calendrier où l'élection des députés suit rapidement celle du chef de l'État, la cohabitation n'apparaît plus comme un risque, mais comme une hypothèse d'école

La réforme du 21 juillet 2008, en dépit des droits supplémentaires qu'elle reconnaît au Parlement et aux citoyens, ne contrarie pas celle du 24 septembre 2000. Le déséquilibre des institutions de la Ve République demeure : le parlement n'est pas un contrepoids aux pouvoirs du président.

CHAPITRE 15

1958–2010

L'ÉVAPORATION DE L'EX-« PARTI DE LA CLASSE OUVRIÈRE »

Le 10 novembre 1946, le parti communiste, le parti de Maurice Thorez, atteint son zénith électoral depuis le congrès de Tours qui, en décembre 1920, a vu la scission entre les socialistes et les partisans de la IIIe Internationale. Pour l'élection de la première législature de la IVe République (qui confirme, pour l'essentiel, les résultats des deux constituantes), les candidats communistes recueillent 28,6 % des suffrages. Avec 5 428 288 voix, le PCF est le premier parti de France devant le MRP et la SFIO[103] et fait élire à la représentation proportionnelle 183 députés (sur 627).

Jusqu'en 1981, les scores électoraux des communistes, malgré une tendance au tassement sous la Ve République, se situeront aux environs de 20 % et parfois nettement au delà. Par la suite, le recul s'accentue jusqu'à la débâcle du 22 avril 2007, où au premier tour de l'élection présidentielle, la candidate communiste et secrétaire nationale du parti, Marie-Georges Buffet, ne réunit plus que 705 487 voix (soit 1,94 % des suffrages exprimés), le score le plus faible jamais enregistré

---

[103] Le MRP, le Mouvement Républicain Populaire, le parti démocrate-chrétien, formé au lendemain de la Libération et animé par Georges Bidault, le successeur de Jean Moulin à la tête du Conseil National de la Résistance, Robert Schuman et Pierre-Henri Teitgen. La SFIO, section française de l'Internationale Ouvrière, reconstituée au lendemain de Tours par ceux qui veulent « garder la vieille maison », chère à Léon Blum. Parmi ses dirigeants, outre l'ancien leader du Front populaire, Daniel Mayer et Guy Mollet.

par le parti communiste dans une consultation nationale depuis Tours.

En un demi-siècle, le parti communiste s'est évaporé alors qu'en 1946, contre de Gaulle et avec ses alliés du tripartisme, socialistes et MRP, Maurice Thorez gouverne la France. Il est même vice-Président du conseil. Auréolé de son rôle dans la Résistance, maître de la CGT, suivi par de nombreux intellectuels et universitaires, solidement installé au parlement, dans les municipalités et dans les entreprises, le « parti de la classe ouvrière » (comme il aime à se désigner) se targue d'un million d'adhérents en 1946 dont le maillage dans la société française est sans précédent[104].

À l'époque, les communistes français se considèrent un peu comme les fils aînés de l'Église stalinienne. Pour près de deux décennies-malgré le coup de tonnerre du rapport Khrouchtchev au 20e congrès du parti soviétique en 1956- la doctrine du parti se fonde sur deux piliers intangibles :

* **l'exemple soviétique** qui, depuis Tours, est un modèle exclusif d'émancipation des peuples. Corollaire tout aussi contraignant : hors des partis communistes, pas de salut !

* **l'enracinement ouvrier** : au moment du Front Populaire déjà, le PCF est davantage que la SFIO, le « parti de la classe ouvrière ». Il le sera plus encore au lendemain de la guerre alors que les socialistes, en dehors de secteurs ouvriers privilégiés, trouvent l'essentiel de leurs assises dans la fonction publique, une partie de la paysannerie et certaines classes moyennes.

Dans la collaboration gouvernementale entamée par les communistes avec le général de Gaulle pendant la guerre, mais symbolisée par le retour d'Union Soviétique de Maurice Thorez fin 1944 – où, sur ordre de Moscou, le secrétaire général du PCF résidait après avoir déserté l'armée française en octobre

---

[104] Il s'agit en fait du nombre de cartes adressées dans les fédérations qui doit correspondre à 800 000 cartes placées environ, un chiffre considérable qu'aucune autre famille politique n'a sérieusement revendiqué ni avant, ni après. Pour la même année 1946, les services de renseignement américains évaluent à 850 000 les effectifs des communistes français…

1939 - , la rupture interviendra sous le « tripartisme » le 5 mai 1947 lorsque le président du conseil socialiste, Paul Ramadier, révoque les cinq ministres communistes de son gouvernement en désaccord sur la guerre d'Indochine.

Personne ne le sait, et les communistes non plus, mais leur éviction du pouvoir va durer 34 ans. Jusqu'au printemps 1981 où, dans la foulée de l'élection de François Mitterrand à l'Élysée et de la victoire de la gauche aux législatives qui ont suivi la dissolution de l'assemblée nationale, les communistes auront quatre ministres dans le gouvernement Mauroy.

Auparavant, dans les douze années que durera la IVe République, les événements peuvent changer la donne politique, le partage du monde installer les communistes dans une opposition permanente, le conflit algérien miner de plus en plus les institutions et la République, la fidélité inconditionnelle à l'Union soviétique et l'ancrage au sein des masses ouvrières marquent l'originalité du parti communiste face (en fait, contre) toutes les autres forces politique.

Le plan Marshall (juin 47), la création du Kominform (septembre), la scission de la CGT (décembre), le coup de Prague (février 1948), les procès des démocraties populaires (à partir de 1949) provoquent des ruptures qui passent à l'histoire sous le nom explicite de « guerre froide ». Selon l'expression de Winston Churchill, « un rideau de fer » traverse l'Europe et le monde, qui met face à face l'Union soviétique renforcée des pays de son glacis (l'Albanie, l'Allemagne de l'Est, la Bulgarie, la Hongrie, la Pologne, la Roumanie, la Tchécoslovaquie et, un temps, la Yougoslavie) et les pays occidentaux enrôlés sous la bannière étoilée des États-Unis. L'oncle Sam contre l'oncle Jo.

Géographiquement à l'ouest, les communistes français sont politiquement derrière Joseph Staline, « l'homme que nous aimons le plus », assure Maurice Thorez. Sous une autre forme, le socialiste Guy Mollet dit à peu près la même chose quand il explique : « les communistes français ne sont ni à gauche, ni à droite, ils sont à l'Est ».

La politique pour eux se vit souvent en terme de foi au service d'une religion conquérante où les buchers du « centralisme démocratique » ne sont jamais très loin, comme le découvriront les intellectuels qui revendiquent le droit de penser par eux-mêmes. Si, en 1948, la condamnation de la Yougoslavie de Tito au maréchal trop médaillé n'ébranle guère les militants, huit ans plus tard les chars soviétiques en Hongrie provoquent les premières lézardes parmi les intellectuels et les compagnons de route.

Qu'importe ! Les ouvriers sont attachés au choix de classe et votent pour les candidats de Maurice Thorez. Le parti communiste demeure la première administration de France et il le restera jusqu'à l'orée des années 80, une administration d'autant plus puissante qu'elle est volontaire et désintéressée. Les catéchumènes se recrutent en priorité parmi les ouvriers qui, selon le socialisme venu de l'Est, doivent être l'avenir du monde.

Depuis que les « réformistes » l'ont quittée pour se replier à « Force Ouvrière », la CGT de Benoît Frachon est sous contrôle. Jusqu'à la veille du siècle suivant, elle continuera à s'assumer, selon la théorie léniniste, comme « la courroie de transmission » du parti. Symbole de cette dépendance, depuis le Front populaire, deux membres du bureau confédéral appartiennent au bureau politique du PCF. La tradition durera jusqu'à l'actuel secrétaire général, Bernard Thibault., qui s'exclut de cette pratique, bien que membre du parti.

À travers l'hexagone, des milliers de cellules d'entreprise regroupent les militants tandis que les « permanents » font régner l'orthodoxie dans les sections et fédérations. S'il en est besoin, la commission des cadres dont le nom est redouté à tous les niveaux de la hiérarchie interviendra.

L'alerte de 1958

Certes, le parti de la classe ouvrière n'est pas à l'abri des conflits et des controverses, mais la vigilance écarte les dissidents, les policiers et les traîtres ou réputés tels. André Marty, Charles Tillon, Laurent Casanova, Marcel Servin, Auguste Lecoeur qui, tous, exercèrent des responsabilités de haut niveau, sont impitoyablement chassés sans égard pour ce qu'ils furent. Et s'ils se rebiffent, n'est-ce pas la preuve que les accusations portées contre eux étaient justifiées ? De même l'UEC, l'Union des Étudiants communistes dont certains militants regardent du côté des communistes italiens ou, pire encore, des trotskistes, est purgée de ses contestataires.

Dans cet univers cuirassé de nobles idéaux et d'assurance bureaucratique, la façade semble décidément solide. À gauche, les communistes ont des adversaires, ils n'ont pas de rivaux. Les socialistes enlisés dans les gouvernements de « troisième force », discrédités par les guerres coloniales, atteints par leur ralliement au gaullisme semblent résignés au déclin qui, en dehors de quelques bastions (le Pas-de-Calais, le Nord, les Bouches-du-Rhône, par exemple) les isolent des couches populaires. Les radicaux n'existent plus, l'extrême gauche reste marginale, les modérés n'ont jamais été des concurrents. Seuls, les gaullistes sont à la dimension des « séparatistes », comme disait de Gaulle, au temps du RPF, le Rassemblement du Peuple Français créé en 1947 par l'homme du 18 juin pour combattre la IVe République.

Pour les communistes, la première épreuve viendra du gaullisme, précisément. En 1958, quand la IVe République défaillante s'en remet au général pour traiter le cancer algérien qui la ronge. Les communistes, sévèrement éprouvés au référendum du 28 septembre où une forte majorité ne laissent que 20,75 % des suffrages aux opposants à la Constitution (dont tous ne sont pas communistes), le sont aussi aux législatives des 23 et 30 novembre. Avec 18,9 % des suffrages, leur niveau le plus bas depuis la guerre, les communistes souffrent du scrutin majoritaire qui réclame des alliés, et ils n'en ont pas. Ils perdent un million d'électeurs environ sur les scrutins précédents, et d'abord au sein de cette classe ouvrière qu'ils prétendent représenter exclusivement. Faute d'effectifs suffisants pour former un groupe parlementaire, leurs 10 députés doivent siéger parmi les non-inscrits.

Heureusement, l'alarme ne dure pas au-delà de la législature. Aux échéances législatives ultérieures de 1962 et 1967, les communistes retrouvent l'essentiel des électeurs qui les avaient abandonnés pour s'enrôler sous la bannière gaulliste. À condition de constater que, si les candidats communistes représentaient habituellement le quart de l'électorat sous la IV° République, leur étiage sous la Ve se situe plutôt aux environs de 20 % ou un peu au-dessus.

D'autres signes d'érosion se font jour : les 800 000 adhérents de 1946 ne sont plus que 400 000 quinze ans après et les Fédérations communistes perdent régulièrement des militants. En même temps, le parti reste viscéralement attaché à l'univers soviétique selon Staline. On le constate en 1956 au XXe congrès du parti bolchevique où Nikita Khrouchtchev dénonce les crimes de Staline dans un rapport qui restera longtemps pour Maurice Thorez et les siens le rapport « attribué » à M. K.

Parallèlement, la société française bouge et les communistes refusent de le voir. Alors que les ouvriers-après d'autres, mais comme les autres- entrent dans la société de consommation, le comité central traque les signes de paupérisation qui démontreraient l'aggravation de leur sort. Les techniciens, les cadres multiplient leurs effectifs, le nombre des étudiants à l'université augmente ? Les communistes se replient sur les prolétaires d'hier dont ils continuent à verrouiller la représentation.

Contre la guerre d'Algérie qui n'épargne pas certains militants communistes, l'universitaire Maurice Audin et le journaliste Henri Alleg (l'un assassiné, l'autre torturé par les parachutistes), le parti communiste ne s'engage pas sans réticence. Dans cette attitude, la politique internationale n'est pas absente. Comme l'Union soviétique, les communistes français estiment qu'une Algérie indépendante offrirait aux visées américaines une proie facile et préfèrent qu'elle demeure dans le giron français. Contribuent aussi à cette réserve, les relations entre le PCF et les nationalistes algériens, qui ne sont pas sans nuage, et même franchement conflictuelles avec Messali Hadj, leader principal du nationalisme algérien jusqu'à l'insurrection du 1ᵉʳ novembre 1954.

Après les crimes de Staline et avec la guerre d'Algérie, mai 68 met, pour la troisième fois, les communistes en porte-à-faux. Le mouvement ne prend pas seulement le pouls d'un pays dont de larges couches rejettent le système gaulliste. « Dix ans ça suffit », devient le slogan favori des manifestations étudiantes. Simultanément, la contestation révèle les mutations qui gagnent dans l'ensemble de la société française. Le gaullisme ne l'a pas compris, les communistes ne le comprennent pas davantage. Pendant tout le mois de mai, cégétistes (et communistes) s'arc-boutent pour interdire aux « groupuscules » l'accès des usines. Dans la plupart des cas, ils réussissent, mais leur audience en souffre parmi les étudiants, les intellectuels et même les ouvriers. Les couches traditionnelles suivent encore, mais les fils moins que les pères et tous moins que par le passé. On s'en rendra compte à Billancourt et ailleurs quand les ouvriers refusent à Benoît Frachon et Georges Séguy les accords de Grenelle et à la lenteur de sortie de grève dans certaines entreprises, parfois importantes et symboliques, Renault par exemple.

Après le défilé gaulliste de la reconquête et la dissolution de l'Assemblée nationale, la sanction pour la gauche est lourde et elle n'épargne pas les communistes. Les 5 et 12 mars 1967, ils avaient fait élire 73 députés ; après le scrutin des 23 et 30 juin les communistes ne reviennent que 34. D'une année à l'autre, ils abandonnent 600 000 électeurs et reculent de 22,5 % à 20,02 % des suffrages.

Grâce à l'union de la gauche et au programme commun de gouvernement signé le 27 juin 1972[105], les législatives des 4 et 11 mars 1973 redonnent du muscle aux communistes comme à leurs partenaires de la Fédération de la gauche. Le PCF

---

[105] Voir « 1972 – 1981. L'union de la gauche est un combat » (p. 69).

retrouve exactement ses 73 députés de 1967 (+ 39) et le même nombre d'électeurs d'alors.

Dans son alliance critique avec le PS en revanche, le parti communiste devenu celui de Georges Marchais mettra constamment à côté de l'objectif. La culture libérale-libertaire issue de mai 68 et qui domine la gauche moderniste la dissuade d'endosser les schémas post-brejnéviens que véhiculent toujours les communistes. Autour du PS de François Mitterrand se crée un front de classe inédit qui isole les communistes. On ne parle pas encore de « bobos » mais les jeunes, les féministes, les gays, les rebelles en tout genre, viennent renforcer la clientèle traditionnelle des socialistes. Avec un quarteron de bourgeois d'avant-garde prêts à peupler les sinécures de la République…

Le communisme des notables

Procès d'habitude, les limiers de Fabien subodorent chez leurs partenaires les prémices d'un renversement d'alliance et en prennent l'opinion à témoin. La stratégie du soupçon menée sans trêve ni merci rappelle d'autres procès de fâcheuse mémoire, mais elle s'amplifie après l'échec, plein de promesse, de François Mitterrand à la présidentielle de 1974 et le franc succès de la gauche aux municipales des 13 et 20 mars 1977.

Socialistes et communistes perdent à l'étape suivante, celle des législatives des 12 et 19 mars 1978. Entre temps, la rupture de l'union est intervenue officiellement en septembre 1977. Conséquence : à la présidentielle de 1981, le candidat Georges Marchais enregistre au premier tour un recul significatif sur le score de Jacques Duclos en 1969 (15,42 % contre 21,52 %). Avant néanmoins de se rallier à François Mitterrand dont, pendant plusieurs années, les communistes ont dénoncé la duplicité et la perfidie. Une nouvelle alerte, plus grave encore, surviendra aux élections européennes de 1984 où le PCF, avec 11 % des voix, se retrouve presque au niveau du Front

National. Malgré les remous internes, Georges Marchais conserve le contrôle de l'appareil.

Les communistes cherchent à changer, ils renoncent à la dictature du prolétariat, mais refusent de se détacher de l'orbite soviétique : en 1978 encore, Georges Marchais salue « le bilan globalement positif » de l'URSS et, quatre ans plus tard, il justifie de Moscou l'intervention soviétique en Afghanistan par le droit de cuissage exercé par les grands propriétaires du pays.

Inexorablement, les communistes reculent dans leurs fiefs les plus traditionnels. Les mines, la sidérurgie, la métallurgie qui, des décennies durant, furent des viviers de recrutement pour le « parti de la classe ouvrière », cèdent du terrain au profit de branches professionnelles nouvelles (l'électronique, par exemple), dont les cols blancs ne s'accommodent plus des fonds de tiroir idéologiques auxquels s'accroche le PCF. Tandis que les « groupuscules », si dédaignés naguère par les orthodoxes du communisme, répondent mieux aux exigences de la jeunesse éprise de radicalité.

À l'évidence, le verbe révolutionnaire commence à porter. Robert Hue le vérifiera à ses dépens le 21 avril 2002 où les candidats trotskystes, Arlette Laguillier et Olivier Besancenot, rassemblent 2 830 000 voix contre 960 000 au candidat communiste. Marie-Georges Buffet en pâtira davantage encore cinq ans après où le postier de la Ligue communiste totalise deux fois plus de suffrages que sa concurrente du PCF du 22 avril 2007 (1 494 446 suffrages contre 705 487).

Et si les candidats communistes aux législatives des 10 et 17 juin « remontent » à 4,1 %, peut-on parler de redressement quand un demi-siècle auparavant, le parti de Maurice Thorez frôlait les 30 % ? Sur 577 députés, on ne recense plus que 18 communistes (et apparentés) contre 21 en 2002. L'un des leurs, Jean-Claude Sandrier (Cher) a présidé le groupe de « la gauche démocrate et républicaine » qui compte 24 membres. Mais, pour réunir les 20 députés nécessaires à la formation d'un groupe, les élus communistes ont dû accueillir d'autres orphelins, « verts » principalement.

Paradoxe supplémentaire, les communistes doivent leur survie au Palais-Bourbon à l'audience personnelle que conservent dans plusieurs départements -la Seine Saint- Denis et le Val de Marne, en premier lieu- certains de leurs élus. Un parti qui, naguère, se proclamait révolutionnaire, sauvé d'une déroute complète par ses notables, qui l'eut imaginé au temps de Maurice Thorez, de Waldeck-Rochet et même de Georges Marchais ?

Au terme de trente ans de gauche unie, le verdict est sans appel : avec François Mitterrand comme avec ses successeurs, les socialistes ont relégué les communistes au rôle de « force d'appoint » que le PCF avait constamment refusé. L'écroulement de l'Union soviétique, l'avènement du consumérisme pour (presque) tous, les mutations de la société libérale mondialisée ont crispé le communisme hexagonal avant de le marginaliser. Des périodes de rémission ont pu intervenir, mais avec une constante qui, jamais, ne se démentira : à aucun moment, le parti de Georges Marchais (encore moins celui de ses successeurs) enfermé dans des analyses obsolètes n'a su explorer les voies du socialisme à la française dont il se voulait le vecteur naturel.

La trajectoire du PCF additionne une longue suite d'occasions manquées et de déconvenues sans retour. Que ce soit pour opérer à l'occasion de 1968 une révision de ses analyses, pour disputer au PS dans l'union de la gauche le terrain du changement et du renouveau, pour évacuer après la chute du mur de Berlin les stigmates d'un socialisme ennemi de la liberté, à chaque fois, les communistes français ont refusé le tournant à prendre ou ils l'ont pris à contre temps, en mécontentant tant les conservateurs que les refondateurs.

Le parti communiste a regardé passer les trains et, le jour où il s'est résigné à prendre un billet, le guichet était fermé. Les socialistes de François Mitterrand s'étaient attribués la tête du convoi et les « gauchistes » lui interdisaient l'accès du wagon de la contestation. À ce rythme-là, on finit par renoncer au voyage pour tisonner *at home* les cendres du passé, le communisme de grand-papa.

De ce communisme-là, ne demeure que le rêve des militants fauché par les révélations de Nikita Khrouchtchev sur les crimes de Staline. Un rêve immense, dont les lambeaux s'inscrivent dans le paysage politique : 18 députés sur 577 ; 21 sénateurs sur 343 ; 2 députés européens sur 72 ; 95 conseillers régionaux en 2010 contre 178 en 2004 ; 2 conseils généraux à présidence communiste (l'Allier et le Val de Marne) ; 118 conseillers généraux contre 130 au scrutin précédent ; 28 maires de villes de plus de 30 000 habitants en 2008 (autant qu'en 2001), mais les maires communistes en ont géré jusqu'à 72 en 1977 ; 89 maires dans les villes de plus de 9000 habitants (3 de plus qu'en 2001) ; des militants dont le nombre ne dépasse pas les 60 000 ; des dirigeants dont les controverses sur le rassemblement des antilibéraux n'ébauchent aucune alternative. Le parti communiste n'est plus que le premier des « groupes » qu'il méprisait si fort en mai 68 et les ravages de l'abstention dans les quartiers populaires ne lui promettent guère d'embellie, fût ce sous l'étiquette de Front de gauche.

Place du colonel Fabien, au cœur d'un arrondissement naguère ouvrier, l'immense nef d'acier, de béton armé et de verre, édifié sur les plans de l'architecte brésilien Oscar Niemeyer pour les « camarades » français, témoigne de la puissance d'autrefois du « parti de la classe ouvrière ». Aujourd'hui, « Fabien » n'est plus qu'un immeuble somptueux et quasi désert que Robert Hue ne dédaignait pas de louer l'espace d'une soirée pour des manifestations huppées parce qu'il faut bien payer les derniers permanents communistes…
La tentation vient de s'en défaire pour renflouer les finances du parti obérées par des consultations électorales calamiteuses. Les successeurs de Robert Hue hésitent, au risque de porter un coup fatal au moral des militants et de donner acte à l'histoire de l'agonie d'un parti qui aura incarné tant d'espoirs.

TABLE DES MATIÈRES

PRÉFACE 5

CHAPITRE 1
19 mars 1962
L'Algérie n'est plus la France ----------------------------------- 9
    La réforme impossible --------------------------------------- 12
    Derniers feux --- 16

CHAPITRE 2
28 octobre 1962
Le président des notables devient le président des citoyens --- 21
    Le cartel des « non » -- 24
    Dans la foulée -- 28

CHAPITRE 3
Mai 1968
La contestation s'impose, sauf dans les urnes ------------------ 33
    « La chienlit, non ! » -- 37
    La disparition de Baden-Baden ------------------------------- 40

CHAPITRE 4
27 avril 1969
Les Français prennent congé du général de Gaulle -------------- 45
    Le « Père Joseph » de la réforme ---------------------------- 49
    D'un « oursin » auvergnat à l'autre ------------------------- 52

CHAPITRE 5
11 – 13 juin 1971
Les socialistes entament à Épinay leur longue marche
vers le pouvoir --- 57

Le fédérateur des opposants ---------------------------------- 60
Un socialisme de rupture ------------------------------------- 64

CHAPITRE 6
1972 – 1981
L'union de la gauche est un combat ------------------------------- 69
Une volonté politique --------------------------------------- 72
Un prétexte pour un divorce --------------------------------- 76

CHAPITRE 7
1972 – 1973
Les maos renoncent aux Brigades rouges ------------------------ 81
La Cause de Sartre -- 84
« La bande des Quatre » ------------------------------------- 88

CHAPITRE 8
17 janvier 1975
La loi Veil signe la maîtrise par les femmes de
leur maternité -- 93
Une loi à l'essai --- 96
Remboursement or not remboursement ? --------------- 100

CHAPITRE 9
10 mai 1981
La Ve République se donne un président de gauche ---------- 105
Le brillant second -- 108
Le combat des chefs --------------------------------------- 112

CHAPITRE 10
9 octobre 1981
La France envoie la guillotine au musée ----------------------- 117
Combat d'arrière-garde ---------------------------------- 120
La citadelle américaine ----------------------------------- 124

CHAPITRE 11

14 – 24 mars 1983
Les « visiteurs du soir » perdent la partie :
Paris reste à Bruxelles 129
    Le bréviaire de Figeac 132
    Larguer les amarres ? 136

CHAPITRE 12

1984 – 1994
La guerre scolaire met les Français dans la rue 141
    La bataille de l'opinion 144
    Apaisement ? 148

CHAPITRE 13

1986 – 1993 – 1997
Trois cohabitations, neuf ans de conflits 153
    La cohabitation dans la cohabitation 157
    Gaffes à répétition 161

CHAPITRE 14

1962 – 2008
À la recherche d'un présidentialisme équilibré 165
    Le ni…ni…de la réforme 168
    À fronts renversés 172

CHAPITRE 15

1958 – 2010
L'évaporation de l'ex-« parti de la classe ouvrière » 177
    L'alerte de 1958 180
    Le communisme des notables 184

L'HARMATTAN, ITALIA
Via Degli Artisti 15; 10124 Torino

L'HARMATTAN HONGRIE
Könyvesbolt ; Kossuth L. u. 14-16
1053 Budapest

L'HARMATTAN BURKINA FASO
Rue 15.167 Route du Pô Patte d'oie
12 BP 226 Ouagadougou 12
(00226) 76 59 79 86

ESPACE L'HARMATTAN KINSHASA
Faculté des Sciences sociales,
politiques et administratives
BP243, KIN XI
Université de Kinshasa

L'HARMATTAN CONGO
67, av. E. P. Lumumba
Bât. – Congo Pharmacie (Bib. Nat.)
BP2874 Brazzaville
harmattan.congo@yahoo.fr

L'HARMATTAN GUINÉE
Almamya Rue KA 028, en face du restaurant Le Cèdre
OKB agency BP 3470 Conakry
(00224) 60 20 85 08
harmattanguinee@yahoo.fr

L'HARMATTAN CÔTE D'IVOIRE
M. Etien N'dah Ahmon
Résidence Karl / cité des arts
Abidjan-Cocody 03 BP 1588 Abidjan 03
(00225) 05 77 87 31

L'HARMATTAN MAURITANIE
Espace El Kettab du livre francophone
N° 472 avenue du Palais des Congrès
BP 316 Nouakchott
(00222) 63 25 980

L'HARMATTAN CAMEROUN
BP 11486
Face à la SNI, immeuble Don Bosco
Yaoundé
(00237) 99 76 61 66
harmattancam@yahoo.fr

L'HARMATTAN SÉNÉGAL
« Villa Rose », rue de Diourbel X G, Point E
BP 45034 Dakar FANN
(00221) 33 825 98 58 / 77 242 25 08
senharmattan@gmail.com

551647 - Décembre 2013
Achevé d'imprimer par